KB037883

지구의 내일을 지켜주는
재생에너지를 만나다

재생에너지와의 공존

지구의 내일을 지켜주는 재생에너지를 만나다

초판 1쇄 발행 2022년 2월 15일
2쇄 발행 2022년 3월 5일
3쇄 발행 2023년 9월 27일

지은이 안희민   **펴낸곳** 크레파스북   **펴낸이** 장미옥
총괄책임 정미현   **편집** 노선아, 김병윤   **디자인** 김지우, 김문정

출판등록 2017년 8월 23일 제2017-000292호
주소 서울시 마포구 성지길 25-11 오구빌딩 3층
전화 02-701-0633   **팩스** 02-717-2285   **이메일** crepas_book@naver.com
인스타그램 www.instagram.com/crepas_book
페이스북 www.facebook.com/crepasbook
네이버포스트 post.naver.com/crepas_book

ISBN 979-11-89586-39-3 (03300)
정가 17,000원

이 책은 저작권법에 따라 보호받는 저작물이므로 무단 전재와 무단 복제를 금지하며,
이 책 내용의 전부 또는 일부를 이용하려면 반드시 저작권자와 크레파스북의 서면동의를 받아야 합니다.
잘못된 책은 구입하신 서점에서 바꿔 드립니다.

이 도서의 국립중앙도서관 출판예정도서목록CIP은 서지정보유통지원시스템 홈페이지(http://seoji.nl.go.kr)와
국가자료종합목록 구축시스템(http://kolis-net.nl.go.kr)에서 이용하실 수 있습니다.

지구의 내일을 지켜주는 재생에너지를 만나다

재생에너지와의 공존

글 안희민

크레파스북

탄소중립 달성을 위한 과제,
재생에너지 정책과 발전 방향에 대한 통찰

인구가 증가하고 경제가 성장함에 따라 에너지 수요는 증가한다. 우리가 사용하고 있는 에너지는 화석에너지에 크게 의존하고 있고, 화석에너지의 사용은 이산화탄소 배출량을 증대시킨다. 탄소의 배출은 곧 기후 변화의 원인이 된다. 기후 위기에 대응하기 위해서는 온 인류가 탄소중립을 추진해야 하며, 탄소중립에 필요한 재생에너지에 대한 새로운 관심과 통찰이 필요한 시기이다.

이 책은 재생에너지에 대한 개념과 국내외 현황은 물론 제도와 정책까지 독자들의 니즈를 충족할 수 있는 내용을 담고 있다. 뿐만 아니라 구체적인 통계와 정책적 분석을 제시함으로써 재생에너지의 발전과 생태계 조성에 대한 필자의 식견이 잘 묻어 있다. 저자는 10년 이상을 에너지 분야의 기자로서 날카로운 필치로 기사를 써왔으며, 에너지 관련 산업 현장에서 전략 기획 업무를 담당하고 있다. 이러한 식견과 경험을 기반으로 실무와 이론을 접목하여 에너지 정책학 학위를 취득하고 여러 권의 관련 저서를 출간하기도 하였다.

따라서 기후 위기의 시대에 지구적 과제인 탄소중립 실현에 관심을 갖는 일반 독자는 물론 에너지 정책에 대한 새로운 정책적 과제와 해결 대안을 찾고자 하는 정책 전문가, 현장 이슈를 기반으로 재생에너지 분야에 연구를 수행하고자 하는 연구자와 산업 현장에서 에너지 관련 업무를 수행하고 있는 다양한 독자층이 읽어야 할 지식의 결정체로 독자들의 일독을 권한다.

성균관대학교 기술경영전문대학원 교수
최 갑 홍

재생에너지와 함께
성장하는 삶

재생에너지는 1970년대부터 이미 우리 곁에 있었던 친숙한 친구이다. 보유한 에너지원이 무연탄밖에 없던 우리나라는 1980년대 중반까지 1, 2차 석유 위기를 겪으면서 태양열 온수기의 국산화에 성공하는 등 재생에너지 개발과 보급에 나름 성공하였다. 그러나 국제 유가가 하락하면서 재생에너지는 연탄과 함께 잊혀 갔다. 그러던 것이 21세기 들어 기후 변화 협약을 계기로 다시금 우리에게 찾아왔다. 이제 재생에너지는 탄소중립 시대를 이끌어 나갈 첨병이자 주역으로 그 역할을 요구받고 있다.

재생에너지가 필요한 가장 큰 이유는 그것이 우리나라 에너지라는 점에 있다. 1980년대 말 국내 무연탄 산업이 문을 닫은 이후 우리나라의 에너지자급률은 5%를 넘지 못하였다. 매년 세계에너지협의회(WEC)가 발행하는 에너지 보고서에 따르면 에너지 안보 부문에서 한국의 순위는 101개국 중 70위권 수준에 머물러왔다. 이는 매우 낮은 자급률 때문이었다. 그러나 최근 재생에너지의 보급 증가로 자급자족률이 크게 향상되었고, 2021년 보고서에서는 45위로 순위가 크게 올랐다.

재생에너지는 또한 소비자가 동시에 생산의 주체가 될 수 있는 에너지라는 장점을 가지고 있다. 프로슈머(Prosumer)라고 통칭되는 이 개념은 집집마다 설치가 가능한 재생에너지의 특성에 기인한다. 정보통신혁명 시대, 4차 산업혁명 시대를 맞이하여 재생에너지는 공급자와 소비자가 양방향으로 정보를 주고받으며 자체적인 생산이 가능하다는 사실만으로도 우리나라 에너지 시스템에 대변혁을 일으킬 것으로 전망된다.

재생에너지의 또 다른 장점은 기술 개발을 통하여 수출이 가능하다는 점이다. 이는 앞으로 우리나라도 에너지 수출국이 될 수 있으며, 나아가 제조업 강국인 우리나라의 미래 경제 성장에 중요한 축이 될 수 있다는 것을 의미한다. 이 외에도 재생에너지가 청정한 에너지라는 장점은 덤으로 따라오는 축복일 것이다.

안희민 박사는 기자이자 글쟁이이며 연구자이자 학자이다. 지난 10여 년간 친분을 쌓아오면서 특히 독자로서 그의 글솜씨를 만끽하며 행복한 시간을 보내왔다. 그가 이번에 마음먹고 출간하는 재생에너지에 관한 책은 시작부터 눈길을 사로잡는다. 기자로 재직하면서도 틈틈이 자료를 모아왔고 박사 학위 논문도 재생에너지에 대한 연구였으니, 이 책 속에 재생에너지에 대한 전문가로서의 다양하고 흥미로운 이야기들이 가득 담겨있음은 두말할 나위가 없다.

저자는 책을 통해 재생에너지의 필요성과 현황에 대해 설명하고, 또한 정책학 박사로서 한국의 관련 제도와 정책을 조목조목 보여주고 분석해준다. 특히 재생에너지의 특성 중 분산에너지에 대해 세밀하게 파헤치며 독자들의 이해를 돕고 있다. 한국 재생에너지의 생태계를 한눈에 조망하고 이해의 폭을 크게 넓힐 수 있는 흔치 않은 기회라고 할 수 있다. 기후 변화 협약과 탄소중립 선언이 우리에게 어떠한 모습으로 다가올지 알고 싶은 사람이라면 누구나 반드시 읽어보아야 할 책이다.

서울대학교 에너지시스템공학부 교수
허 은 녕

재생에너지 시장과
정책을 일람하다

　탄소중립, NDC, RE100 등 10여 년 전만 해도 없었거나 생소했던 단어들이 이제 상식이 된 시대에 살고 있다. 태양광과 풍력으로 대표되는 재생에너지도 지난 10여 년 사이에 우리 국민들의 생활과 에너지 구성에서 없어서는 안 될 존재로 빠르게 성장하였다.

　그러나 지금까지 재생에너지 시장과 정책을 모두 아우르는 책을 접한 적이 없었던 것 같다. 안희민 박사는 언론계와 기업을 거치면서 우리나라 재생에너지 성장 과정을 함께한 전문가답게, 현장에서 체득한 생생한 경험과 탁월한 분석력을 바탕으로 탄소중립 시대를 열어가는 데 필수적인 재생에너지의 필요성부터 발전 과정, 생태계 분석까지 총망라한 역작을 내놓았다. 재생에너지는 물론이고 에너지 분야에 몸담고 있는 모두에게 도움이 될 역작이라 생각하며 기업, 학계, 정부와 공공기관 관계자 모두가 꼭 읽어보시기를 추천드린다.

산업통상자원부 前 기획조정실장
장 영 진

통찰력에
적확성을 더하다

2050 탄소중립이 선언되고 시나리오가 마련되었으며 2030 국가 온실가스 감축 목표(NDC)도 발표된 시점에서 시의적절한 책이 발간되어 반갑게 생각한다. 어려운 에너지 용어와 개념을 이해하기 쉽게 설명하면서도 현장의 어려움을 잘 소개하였으며 대안에 대한 고민도 담았다.

재생에너지 보급과 에너지 효율화와 전기화 등으로 에너지 전환이 원활히 이루어져서, 우리나라가 친환경 에너지 선도 국가로 발돋움하는 데 길잡이가 되기를 바란다.

에너지경제연구원장
임 춘 택

그 모든 자리에
그가 있었다

일주일에 한 번, 7시 30분이면 어김없이 회의실에 모습을 드러냈다. 영국 청년처럼 베이지색 트렌치코트를 입은 채였다. 회의실 맨 끝자리, 아침식사로 준비한 김밥을 먹으며 발제를 듣고 쉼 없이 메모했다. 그가 바로 저자 안희민이다.

초선 의원 시절 재생에너지 정책을 가장 중요하게 여겼다. 원외 지역위원장일 때 한 시민단체에서 기후 변화 강사 자격증을 따는 등 기후 변화 대응 해법으로서 재생에너지를 손꼽았다. 의원이 되자마자 재생에너지를 국가 주요 정책으로 삼아야겠다는 일념으로 연속 간담회를 열었다. 제목은 '미래 에너지 전환 전문가 간담회'로, 재생에너지원별로 주제를 정해 관련 연구원 등 전문가를 모셔 기술과 정책 개요를 듣고 토론하는 시간을 가졌다.

태양전지에서 풍력발전, 해양에너지 등 재생에너지원에 대해서는 관련 기술을 집중적으로 연구했다. CCS와 같은 탄소 저장에 대해서는 실증 사업의 중요성을 논의했다. 내게 가장 관심 깊었던 부분은 수소에너지였다. 당시 수소를 에너지원으로 다룬 경우는 처음이었다. 지금 수소는 그야말로 대세가 되었다. 수소하면 수소 폭탄보다는 수소 전기차를 생각한다. 집단 지성이 이룬 쾌거가 아닌가 싶다.

간담회는 '도시 에너지 간담회'로 전환되었다. 재생에너지 선택권 이니셔티브도 발족하여 RE100 관련 법안도 발의했다. 그 모든 자리에 기자 안희민이 있었다. 홍보도 꽤 했으니 7시 30분에 조찬 간담회가 열린다는 것을 대부분의 기자가 알았다. 하지만 한두 번 오다가 발걸음을 끊었다. 유독 안희민 기자만 지속 가능한 공부의 영역에 있었다.

꾸준함에 반해 공동으로 책을 집필하자는 제의도 했다. 흔쾌히 받아들였고 우리는 『미래에너지백과사전』이라는 책에 공동 저자로 이름을 올렸다. 한번 책을 냈으니 우리는 재생에너지 분야에 있어서는 깐부다.

이제 재생에너지의 모든 것을 담은 책을 발간한다고 한다. 탄소중립 2050이라는 새로운 전환의 시대에 이 책이 재생에너지로 세상을 바꾸고 싶은 모든 분들에게 요긴하게 쓰이길 바란다.

안희민의 이후를 응원한다.

국회과학기술정보방송통신위원장
이 원 욱

재생에너지,
대한민국의 내일을 만나다

   이 책은 재생에너지와 탄소중립에 대해 잘 모르는 독자들이 단기간에 이해 수준을 끌어올릴 수 있도록 기획되었다. 먼저 재생에너지의 필요성과 국내외 현황에 대해 큰 틀을 잡고, 앞으로 한국 재생에너지 발전이 나아갈 방향과 선결 과제를 일목요연하게 정리하였다. 마지막에는 재생에너지의 친환경성을 보여주기 위하여 직접 수행한 시뮬레이션 분석도 수록하였다.

   전체적으로 다루는 개념은 정부가 공식적으로 발간한 법령에 중심을 두어 정확한 지식을 전달하기 위해 노력하였다. 동시에 다양한 측면에서 분석하여 독자가 머릿속에 큰 그림을 그릴 수 있도록 하였다. 가령 탄소중립과 재생에너지에 대한 주요 정의들을 나열하는 것에 머물지 않고 2050 장기 저탄소 발전전략에서부터 2050 탄소중립 최종안, 2030 NDC 상향안까지의 개념을 순차적으로 다루며 독자의 이해를 도왔다. 재생에너지와 관련해서는 재생에너지에 대한 평가 외에도 한국에서 가격 보상 체계가 움직이는 구조, 가격 전망 분석을 통하여 재생에너지의 역동적인 모습을 기록하였다. 특히 기존 재생에너지 통계가 신재생에너지와 분리되어 있지 않은 상황을 반성하고 재생에너지만 분리하여 별도의 그래프와 표로 제시하였다.

이 책은 단순히 경제·경영 서적에 머물지 않고 학술 영역까지 지경을 넓히고 있다. 이는 독자들에게 정확한 지식을 객관성을 가지고 책임 있게 전달하기 위한 노력이기도 하다. 그렇다고 이 책이 지루하지는 않다. 지금도 미디어에서 회자되는 최신 정보를 다루어 보다 깊이 알 수 있는 기회를 제공하기 때문이다.

필자는 이 책을 한국에서 연간 재생에너지 보급이 통계상 고공 행진을 기록할 때 집필하기 시작하였다. 잠재력을 응축하였다가 최근 2~3년 사이 본격화된 재생에너지(주로 태양광발전) 보급은 현장에서 많은 벽에 부딪혔다. 가짜 뉴스, 이격 거리, 주민 수용성은 재생에너지가 당면한 어려움을 상징하는 용어이다. 기후 변화 대응과 온실가스 감축이라는 '달'을 봐야 하는데 '경제성'이라는 손가락을 바라본 결과일 수도 있다. 한국 사회에서 재생에너지가 봉착한 난관은 지극히 한국적인 현상이다. 재생에너지는 전 세계적으로 가장 많이 투자되는 에너지원으로 꼽히며 그 청정성을 유감없이 발휘하고 있다. 경제성 외 환경성과 안전성을 인식한다면 재생에너지는 기후 변화 대응에 가장 적합한 에너지원이다.

기자로서 재생에너지를 10년간 다룬 필자는 초롱초롱한 눈매의 어린 아들 안준혁 프란치스코가 살아갈 미래를 생각하며 본격적으로 재생에너지 중심의 에너지 전환 운동을 시작하였다. 기사 작성, 좌담회, 세미나 개최, 학위 취득 등 할 수 있는 한 최선을 다해왔으며, 지금은 다시 재생에너지 보급 현장에 서있다.

필자는 이 책을 단순히 책상에서만 쓰지 않았다. 현장에서 겪은 애로를 바탕으로 썼기에 현장의 생생함이 고스란히 담겨있다고 자신한다. 더불어 이 책은 아내 김윤미 엘리자벳의 성원의 결과임을 고백한다. KAIST 김하나 교수님은 미발표 논문인 12장의 교신 저자이며 친구 김형빈, 조용석, 장신기, 이승목, 이재구, 이홍재, 이덕주, 손창원, 강은석, 문현주는 열혈 독자가 되어주었다. 특히 KEI의 김성진 연구위원님은 이 책이 보다 좋은 경로를 통하여 발간될 수 있도록 친절한 도움을 주셨으며 쿠키뉴스 조진수 정치팀장은 양질의 자료를 제공하였다. 현장에서 같이 고생하고 있는 ㈜한양의 임직원분들도 기억한다.

이 책이 한국 재생에너지 보급에 이바지하고 다음 세대의 재생에너지에 대한 이해를 높이며 현장 실무자들의 궁금증을 풀어주기를 희망한다.

기후 변화로 추위가 맹위를 떨치는
2022년 1월의 겨울날
안 희 민

II

시대의 변화를 주도하는
한국의 재생에너지

III

재생에너지 활성화를 위한
중장기 마스터플랜

I 세상을 바꾸는 거대한 흐름,
재생에너지

/ 1장 /

기후 변화 대응,
재생에너지에서 답을 찾다

21세기의 키워드
'기후 변화 대응'

    21세기 초 전 세계를 관통하는 시대정신 가운데 하나는 단연 '기후 변화 대응'이다. 2015년 제21차 유엔기후변화협약 당사국총회(COP21)에서 파리협정이 채택되었을 때만하더라도 기후 변화로 인한 인명 및 재산 피해의 발생은 남태평양의 몇몇 도서 국가에 국한된 일이었다. 하지만 불과 몇 해만에 사정이 달라졌고 미국, 호주 등 주요 선진국에서는 '기후 재난'으로 불릴 수 있는 재난이 매년 반복되고 있다. 미국 텍사스의 한파와 캘리포니아의 산불은 인명과 재산을 직접적으로 위협하였으며 호주의 산불은 생태계의 근간을 뒤흔들었다.

    온실가스 배출은 대기 오염 등 각종 환경 문제를 일으키는 데 머물지 않고 인간과 생태계를 직접 위협하는 단계에 이르렀다. 한 예로 2013년 내셔널지오그래픽협회는 해수면이 66m 상승할 경우 뉴욕, 런던, 서울, 상하이, 도쿄, 아마존이 침수·수몰될 것이라고 예측하였다.

또한 세계은행은 기후 변화를 방치할 경우 2050년에는 158조 달러(18경 2,560조 원)의 손실이 발생할 것이라고 예측하였다. 이 금액은 세계 총생산량의 2배에 해당하는 수치이다.

기후 변화 대응의 핵심 수단 중 하나는 바로 '온실가스 감축'이다. 온실가스가 기후 변화의 주요 요인이기 때문이다. 산업화 이후 지구의 평균 기온은 약 1℃ 상승하였다. 2015년 파리협정에서는 전 지구적 기후 변화에 대응하기 위하여 지구 평균 기온 상승을 산업화 이전 대비 2℃ 이하로 억제하고, 나아가 1.5℃ 이하 달성을 촉구하였다.

하지만 파리협정의 채택에도 불구하고 각국의 노력은 지지부진했으며, 인류는 직접적인 피해를 겪고 나서야 비로소 기후 변화의 심각성을 체감하였다. 이제 각국은 탄소중립을 선언하며 본격적인 기후 변화 대응에 나섰다.

바이든 미국 대통령은 트럼프 행정부 기간(2017.1.~2021.1.) 동안 탈퇴하였던 파리협정의 재가입을 추진하며 화석연료의 사용을 2035년까지 금지하고 2050년 탄소중립 목표를 설정하였다. 중국은 2060년에 탄소중립을 이루겠다고 선언하였다. 영국은 2050년 탄소중립을 선언하였는데, 이에 앞서 2035년 내연기관 퇴출을 발표하였다. EU 또한 2020년 3월 '유럽기후법안'을 공개한 후 2050년에 탄소중립을 이루겠다고 밝혔다.

한국 정부도 발 빠르게 동참하여 2017년 12월 '재생에너지 3020'을 발표하였다. 2019년 6월 4일에는 '제3차 에너지기본계획'을 수립하여 2040년까지 신재생에너지 비중을 30~35%까지 끌어올리겠다고 선언하였다. 이어 2020년 7월 14일에는 '한국판 뉴딜 종합계획'을, 7월 19일에는 '해상풍력 발전방안'을 발표하였으며, 10월 28일에는 '2050 탄소중립'을 선언하였다.

정부뿐 아니라 기업과 일반 국민들도 기후 변화 대응을 지지하고 있다. 2021년 12월 기준 국제 RE100 운동에 참여하는 전 세계 기업의 수는 346개에 달한다. 한국 기업도 10개사가 가입되어 있는데 골드(gold) 등급인 LG에너지솔루션, SK하이닉스, SK텔레콤 등 3개사를 비롯하여 아모레퍼시픽, 한국수자원공사(K-water), SK홀딩스, SK머티리얼, SK실리콘, SKC, SK실트론 등이다.

한반도로 시선을 돌려보자. 한반도는 지난 106년간 평균 기온이 1.8℃ 상승하였다. 현 추세대로라면 21세기 말에는 2.7~4.8℃ 상승을 기록할 전망이다. 같은 시기 전 세계의 기온 상승이 1.8~4.7℃인 것과 비교한다면 한반도 기온 상승이 더욱 가파른 셈이다.

2017년을 기준으로 한국의 온실가스 총배출량은 약 7억 톤이다. 이를 분야별로 살펴보면 발전(에너지 공급) 36%, 산업 37%, 수송 14%, 건물 7%, 폐기물 2.4%, 농축산 부문 3.4%로 나타났다. 이에 정부는 국가 온실가스 총배출량의 36%를 차지하는 발전 부문에서 석탄발전을 줄이고 신재생에너지를 늘리는 방향으로 '2050 장기 저탄소 발전전략[1]'을 수립하였다. 이에 따르면 2030년 온실가스 감축 목표는 2017년 대비 24.45% 감소한 5억 3,600만 톤이 된다.

한국판 뉴딜과 그린뉴딜

한국판 뉴딜	• '22년까지 총사업비 67.7조원(국비 49조원) 투자, 일자리 88.7만개 창출 • '25년까지 총사업비 160조원(국비 114.1조원) 투자, 일자리 190.1만개 창출
그린뉴딜	• '22년까지 총사업비 32.5조원(국비 19.6조원) 투자, 일자리 31.9만개 창출 • '25년까지 총사업비 73.4조원(국비 42.7조원) 투자, 일자리 65.9만개 창출

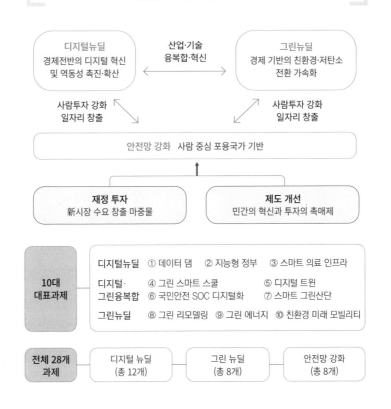

선도국가로 도약하는 대한민국으로 대전환

추격형 경제에서 선도형 경제로, 탄소의존 경제에서 저탄소 경제로,
불평등 사회에서 포용 사회로 도약

디지털뉴딜
경제전반의 디지털 혁신
및 역동성 촉진·확산

산업·기술
융복합·혁신

그린뉴딜
경제 기반의 친환경·저탄소
전환 가속화

사람투자 강화
일자리 창출

사람투자 강화
일자리 창출

안전망 강화 사람 중심 포용국가 기반

재정 투자
新시장 수요 창출 마중물

제도 개선
민간의 혁신과 투자의 촉매제

10대 대표과제

디지털뉴딜	① 데이터 댐	② 지능형 정부	③ 스마트 의료 인프라
디지털·그린융복합	④ 그린 스마트 스쿨		⑤ 디지털 트윈
	⑥ 국민안전 SOC 디지털화		⑦ 스마트 그린산단
그린뉴딜	⑧ 그린 리모델링	⑨ 그린 에너지	⑩ 친환경 미래 모빌리티

전체 28개 과제

디지털 뉴딜 (총 12개)	그린 뉴딜 (총 8개)	안전망 강화 (총 8개)

2030년 온실가스 감축 목표

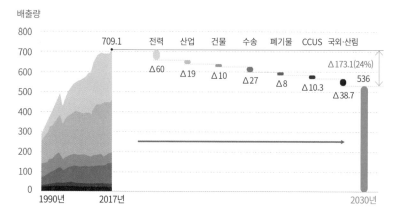

* 환경부, 2020(단위: 백만 톤CO2-eq)

왜
재생에너지인가?

　온실가스 감축 방안의 핵심을 한 마디로 정리한다면 바로 '재생에너지'이다. 한국 정부는 '2050 장기 저탄소 발전전략'에서 구체적인 온실가스 감축 방안을 제시하고 있다. 온실가스 감축 정책은 크게 친환경 에너지 전환, 산업·수송·건물 부문으로 세분하였다. 특히 "석탄발전소를 과감히 감축하고 재생에너지의 발전 비중을 높이는 친환경 에너지 전환 정책을 추진하고 있다"고 명기하였는데, 이는 한국 정부가 친환경 에너지 전환 정책의 핵심으로 재생에너지를 꼽고 있음을 보여준다. 제도적으로는 저탄소 녹색성장 기본법, 배출권거래제, 목표관리제를 수립·진행하였다.

　그렇다면 기후 변화 대응과 온실가스 감축의 유력한 수단으로 재생에너지를 선택한 이유는 무엇일까. 무엇보다 재생에너지발전의 온실가스 배출량이 다른 에너지원보다 적기 때문이다. 주요 에너지원의 생애주기(lifecycle) 온실가스 배출량을 살펴보면 kWh당 태양광이 32톤, 바이오매스가 27.5톤, 풍력발전이 9.5톤으로 원자력 66톤과 비교해보아도 배출량이 현저히 낮은 것을 확인할 수 있다.

재생에너지는 또한 일자리 창출이라는 측면에서도 주목받는다. 특히 태양광발전은 다른 에너지에 비해 일자리를 보다 많이 창출하는 것으로 나타났다. 산업연구원은 미국 원자력에너지연구소(NEI) 보고서를 인용하여 원자력은 1,000MWe당 500명, 석탄발전은 190명, 가스발전은 50명의 일자리가 창출되지만, 태양광발전은 1,000MWe당 1,060명의 일자리를 창출한다고 밝혔다.

주요 에너지원의 생애주기 온실가스 배출량

원자력	66
지열	38
태양광	32
바이오매스	27.5
태양열	13
바이오가스	11
수력	10.5
풍력	9.5

* Sovacool, 2010(단위: g/kWh)

에너지원별 일자리 창출

기술	일자리/1,000MWe	기술	일자리/1,000MWe
원자력	500명	집광형 태양에너지	470명
석탄	190명	가스복합	50명
수력>500MW	110명	태양광	1,060명
양수발전	100명	소수력<20MW	450명
수력>20MW	190명	풍력	50명

* NEI(2014), 산업연구원(2017)에서 재인용

하지만 재생에너지의 타의 추종을 불허하는 장점은 바로 전력을 생산할 때 무탄소·무연료·무방사능이라는 점이다. 특히 태양광과 풍력은 무한한 자연에너지인 햇빛과 바람을 이용하기 때문에 연료 걱정이 없을 뿐만 아니라 발전 과정에서도 온실가스를 배출하지 않는다. 태양광은 빛을 받은 태양전지의 N형 반도체와 P형 반도체 간 전자의 이동에 의해 발전하며, 풍력은 바람에 의해 터빈이 구동하는 힘으로 발전한다. 그래서 석탄, 천연가스, 우라늄과 같은 원료 소모와 온실가스 배출 없이 곧바로 전기를 생산할 수 있다.

태양광과 풍력의 온실가스 배출 감소 효과는 얼마나 될까. 먼저 설비용량 1MW의 태양광발전의 경우 하루 3.6시간 발전을 기준으로 할 때 연간 1,314MWh의 전력을 연료 소모와 온실가스 배출 없이 생산할 수 있다. 만약 1,314MWh를 계통을 통해 공급되는 일반 발전기로 생산

한다면 연간 약 578톤의 온실가스가 발생한다.[2] 따라서 원자력, 석탄, 천연가스를 이용하여 발전한 전력 대신에 태양광발전으로 자체적으로 생산한 전력을 공급한다면 연간 578톤의 온실가스를 줄일 수 있다. 태양광발전의 수명을 20년으로 본다면 20년간 약 11,560톤을 줄일 수 있다는 계산이 나온다.

1MW 풍력발전의 경우 설비 이용률 25%를 기준으로 할 때 연간 2,190MWh의 전력을 생산한다. 이를 태양광발전과 같은 방식으로 계산한다면 연간 약 964톤, 20년간 약 19,280톤의 온실가스 배출을 줄일 수 있다.

2015년 파리협정은 기후 변화 대응 실천안 가운데 하나로 에너지 기술을 제시하였으며, 제10조에는 기후 변화 완화와 적응에 관련된 기술의 중요성을 명시하였다.[3] 전 세계적으로 재생에너지가 파리협정을 실현하는 유력한 도구로 인식·확산되는 이유도 여기에 있다. 즉 재생에너지가 온실가스 감축과 일자리 창출에서 다른 에너지원을 앞서는 것으로 평가되기 때문이다. 따라서 한국 정부에서도 그린뉴딜 정책을 수립하여 온실가스 감축과 일자리 창출이라는 두 마리의 토끼를 잡고 있다.

재생에너지 확대를 위한
요건들

　한국의 재생에너지의 비중은 얼마나 될까. 앞에서 언급하였듯이 발전(에너지 공급) 부문이 배출하는 온실가스 비중은 36%로, 37%인 산업 다음으로 높다. 반면 재생에너지가 차지하는 비중은 2020년을 기준으로 할 때 총 발전량 대비 6.41%(비재생폐기물 전체 제외) 수준에 불과하다. 이 때문에 재생에너지의 지속적인 확대가 한국의 국가적 과제로 떠오르고 있다.

　2050 탄소중립 정책 목표를 달성하려면 재생에너지의 확대는 필수적인 과제이다. 다만 이를 위해서는 몇 가지 요건이 필요하다. 먼저 재생에너지에 대한 국민들의 바른 이해와 협조가 선행되어야 한다. 즉 지방자치단체를 포함한 국민들은 재생에너지발전이 지구온난화와 기후 변화 문제에 대한 유력한 대응 수단임을 인식하여야 한다.

　그와 동시에 재생에너지 인프라도 갖춰야 한다. 재생에너지발전 사업자들은 환경을 파괴하지 않도록 재생에너지 발전설비를 설치하고 주민과 상생하는 모델을 수립할 필요가 있다. 그리고 무엇보다 인프라 측면에서 부족한 계통을 확보하는 것이 중요하다.

송배전설비의 재생에너지 수용 비율을 높이기 위한 노력도 병행되어야 한다. 이를 위해서는 송배전설비 이용률을 높이는 기술을 개발하고, 송변전선로를 적게 건설하고도 태양광·풍력 설비를 많이 접속할 수 있게 하는 솔루션이 필요하다. 대표적 재생에너지인 태양광발전의 설비 이용률은 15%, 해상풍력발전은 30%가량인데, 이를 높이려면 에너지저장장치(ESS) 운영 기술 개발 및 접목이 필수적이다.

또한 재생에너지는 무탄소·무연료·무방사능의 장점뿐 아니라 수명이 다 되어 새 것으로 교체하더라도 헌 것은 오염 걱정 없이 자원 재활용이 가능하다는 장점을 가지고 있다. 이러한 점에 주목한다면 주민 수용성을 높이고 계통 인프라를 보강함으로써 재생에너지의 보급 속도를 한층 높일 수 있을 것이다.

재생에너지는 코로나19 사태에 대하여 회복력을 가지고 있다고 판단된다. 다만 핵심 시장에서 인센티브의 소멸과 정책의 불확실성으로 인해 2022년 재생에너지 설비용량 증가율은 소폭 하락할 것으로 보인다. 중국의 예를 보면 육상풍력발전과 태양광발전 보조금은 2020년에 소멸됐으며 해상풍력 지원은 2021년에 끝났다. 미국 또한 생산세액공제(Production Tax Credits)의 소멸, 인도의 금융 대란, 남미의 경매 지연으로 인하여 2022년 재생에너지 증가는 주춤할 전망이다. 특히 전 세계적으로 볼 때 육상풍력 증가율은 15% 하락할 전망이며, 반대로 해상풍력은 팽창할 것으로 보인다.

2050 탄소중립 전략

구분		'17년 현황	2050년 목표				
			1안	2안	3안	4안	5안
국가	배출량(백만 톤)	709.1	178.9	222.0	279.5	355.9	425.9
	감축률('17년 대비)	-	75%	69%	61%	50%	40%
부문별	전환 배출량	252.3	24.8	28.9	71.4	75.6	125.3
	전환 감축률		90.2%	88.6%	71.7%	70.0%	50.3%
	산업 배출량	259.9	89.7	124.1	132.2	200.7	211.1
	산업 감축률		65.5%	52.3%	49.2%	22.8%	18.8%
	건물 배출량	52.8	17.5	18.8	20.3	21.4	22.5
	건물 감축률		66.8%	64.4%	61.6%	59.5%	57.3%
	수송 배출량	98.3	23.6	28.8	33.8	36.0	40.0
	수송 감축률		73.3%	70.7%	65.7%	63.4%	59.4%
	폐기물 배출량	16.8	9.1	9.4	9.6	9.8	10.0
	폐기물 감축률		46.1%	43.9%	43.2%	41.9%	40.7%
	농축어업 배출량	24.1	21.8	22.2	22.5	22.8	22.8
	농축어업 감축률		9.5%	7.8%	6.6%	5.5%	5.4%
	탈루 등 배출량	4.8					
	산림 흡수량	-	17.6	17.6	17.6	17.6	13.0
배출 원단위	GDP당(톤/백만 원)	0.46	0.07	0.08	0.10	0.13	0.16
	인당(톤/인)	13.8	3.6	4.5	5.7	7.2	8.6

* 2050 장기 저탄소 발전전략 포럼 검토안, 2020

/ 2장 /

전 세계가 함께
새로운 미래에 도전하다

재생에너지,
그 성과와 미래

    재생에너지는 전 세계적으로 지대한 영향을 끼쳤던 코로나19의 여파에서 벗어나 확대에 서서히 가속도를 내고 있다. 2020년을 비롯하여 그 이후의 시장은 어떤 변화를 보일까.

    우선 재생에너지는 전력 부문에서 회복세를 보이기 시작하여 2020년 발전용 재생에너지는 7% 성장할 것으로 전망된다. 전 세계의 에너지 수요가 5% 감소한 것과는 대조적으로 2020년 재생에너지 순수요는 오히려 1% 증가하였다. 이는 재생에너지의 장기 계약과 계통 접근 우선권, 지속적인 플랜트 신규 설치 등이 재생에너지의 강력한 성장을 뒷받침하였기 때문인 것으로 분석된다. 발전용 재생에너지의 증가는 산업에서의 바이오에너지 소비 감소와 수송에서의 바이오연료 소비 감소를 상쇄해주었다.

국제에너지기구(International Energy Agency, IEA)에 따르면 2020년 재생에너지 설비용량은 전 세계적으로 4% 정도 증가하여 200GW에 이를 전망이다. 특히 풍력발전과 수력발전이 증가하면서 글로벌 재생에너지 발전의 확대를 견인하였고, 전 세계 발전 설비용량 증가분의 90%를 차지하는 신기록을 수립하기도 하였다. 태양광발전도 안정적인 성장이 기대된다. 코로나19로 인해 지붕형 태양광발전이 축소되었지만, 발전소 규모 프로젝트가 팽창하면서 이를 상쇄해줄 것으로 기대된다. 풍력발전과 태양광발전의 경우 중국과 미국 등 재생에너지 개발국에서 30% 이상 증가하였는데, 이는 사업자들이 지원 정책이 소멸되기 전에 기존 프로젝트의 완성을 위해 매진한 덕분이다. IEA에 따르면 재생에너지는 5월 대비 11월에 18% 증가한 것으로 분석된다.

이러한 성과들은 재생에너지가 코로나19 사태에 재빨리 적응하였기 때문에 가능하였다. 2020년 상반기까지는 코로나19로 인하여 공급망이 붕괴되고 건설이 지연되었다. 하지만 신규 발전소 건설과 제조 활동이 발 빠르게 확대되었고, 2020년 5월 이후에는 국경선 봉쇄가 완화되면서 물류 대란도 해소되었다. 그 결과 9월 이후에는 유럽, 미국, 중국에서 신속한 회복세를 보이며 월 설비용량이 기대치 이상으로 늘어났다.

2021년에는 회복세가 더욱 가파를 것으로 보인다. IEA는 2021년 재생에너지 설비용량이 약 10%대의 기록적인 팽창을 보여줄 것이라고 예측하였다. 이는 EU, 미국, 인도 정부의 촉진책 덕분이며 더불어 미국, 중동, 남미 시장에서도 재생에너지의 성장은 지속될 것이기 때문이다. 인도에서는 가장 큰 재생에너지 시장이 형성될 전망이며 2021년

시장 규모는 2020년의 두 배에 달할 것으로 예측된다. 코로나19 사태, 계약 협상, 토지 수용 등의 이유로 지연되었던 수많은 풍력발전과 태양광발전 사업이 리스크의 해소에 힘입어 재생에너지 시장의 폭풍 성장을 이끌어갈 것으로 분석된다. EU에서는 프랑스와 독일의 발전소 규모 태양광 및 풍력발전의 증가로 재생에너지 증가량이 두 배가량 늘어날 전망이다. EU 회원국들은 역내 2030 재생에너지 목표 달성을 위한 EU 부흥 자금을 지원받고 있는데, 이는 2021년 재생에너지 회복세의 원동력이 되어줄 것으로 보인다.

2013~2022년 동안 재생에너지 전력 설비용량 순증가

* IEA, 2020

각 국가들이 정책 불확실성을 극복한다면 글로벌 태양광발전과 풍력발전은 2022년에는 25%까지 증가할 수 있다. 즉 재생에너지 설비 용량을 271GW까지 끌어올릴 수 있는 셈이다.

재생에너지 증가 비중의 30%는 중국이 차지하고 있다. 태양광발전 시장의 크기는 150GW에 도달할 수 있을 것으로 보이며, 이는 3년 전보다 40% 증가한 수치다. 또한 미국이 앞으로 청정 전력을 위한 추가 정책을 입안한다면 태양광발전과 풍력발전은 더욱 빠르게 설치될 것이고, 이는 미국의 전력 부문이 빠르게 탈탄소화하는 데 기여하게 될 것이다.

글로벌 전력 부문에서
주도적 역할 수행

전 세계적으로 재생에너지의 팽창 기조는 변화하지 않는다. 그렇다면 재생에너지는 과연 얼마나 빠르게 성장할까. 그리고 어느 시점에서 화석연료의 비중을 앞지를 수 있을까.

IEA는 2020년 이후에도 재생에너지가 성장하는 데에는 비용 감소와 지속적인 정책적 지지가 중요한 역할을 할 것으로 내다보고 있다. 이제 대부분의 국가에서 태양광발전과 육상풍력발전은 가장 저렴한 비용의 발전 플랜트가 되고 있다. 특히 좋은 자원과 값싼 재원을 지닌 국가의 경우에는 태양광발전과 풍력발전이 기존 화석연료발전소를 위협하고 있다.

무엇보다 2025년까지 글로벌 발전 용량 증가분의 95%를 재생에너지가 차지할 것이라는 전망은 주목할 만하다. IEA에 따르면 태양광발전과 풍력발전 설비의 총량은 2023년에는 천연가스발전을, 2024년에는 석탄발전을 능가할 전망이다. 2025년까지 재생에너지 설비용량 증가분의 25%를 태양광발전이 차지할 것이며 풍력발전 또한 30%를 차지할 것이다.

비용이 더욱 절감된다면 해상풍력은 매년 급격히 증가하여 2025년에는 풍력발전 시장의 20%를 차지할 것으로 보인다. 해상풍력은 유럽을 넘어 중국, 미국에서도 성장이 예상된다. 이렇게 전 세계적으로 재생에너지의 급격한 성장이 예상되면서 정책 당국자들은 전력 시스템에 대한 안전하고 비용 효과적인 통합을 보장하라는 압력을 받게 되었다.

이와 같은 추세에 힘입어 2025년에는 재생에너지가 석탄을 앞질러 가장 큰 발전원이 되면서 전 세계 전력의 3분의 1을 공급할 것으로 기대된다. 재생에너지 전력의 절반은 수력이 담당하게 되고 태양광발전과 풍력발전이 그 뒤를 이을 것으로 보인다.

바이오연료와 재생열도 살펴보자. IEA는 바이오연료 산업이 코로나19 사태에 크게 영향을 받은 것으로 분석한다. 2020년 전 세계의 수송 바이오연료 생산은 2019년 대비 12%가 감소할 것으로 예상된다. 20년 만의 첫 생산 감소로 기록될 전망이다. 수송용 연료 수요의 하락과 화석연료 가격의 하락에 따라 바이오연료의 매력이 떨어진 것이 원인으로 지목된다.

하지만 연료 수요의 회복과 강력한 시장 정책으로 인해 바이오연료 수요는 2021년에 반등하여 2025년까지 지속될 것으로 보인다. 중국과 브라질에서는 에탄올 생산이 가장 크게 증가하고, 미국과 동남아시아에서는 바이오디젤과 수소처리 식물성오일(Hydrotreated Vegetable Oil)이 가장 크게 생산될 전망이다.

반면 재생열 소비는 수요 부족에 시달린다. 코로나19 사태로 경제 활동이 위축되면서 제한적이기는 하지만 재생열 소비에 직접적인 영향을 미쳤다. 특히 건물보다는 산업에서 열 소비가 줄었는데, 이러한 현상은 산업에서의 바이오에너지 수요에 영향을 미치는 결과를 가져왔다.

수요의 감소에도 불구하고 발전에서 재생에너지가 차지하는 비중이 높기 때문에 열 관련된 재생에너지 전력 소비는 2020년에도 상승할 전망이다. 이후 5년 동안 재생열이 차지하는 비중은 전반적으로 일정할 것으로 기대된다. 전 세계 재생열 소비는 2025년에는 2019년 대비 20% 상승할 것으로 기대되며 산업보다는 건물 부문에서 크게 증가할 것으로 예상된다. 하지만 이러한 성장에도 전 세계의 열 부문에서 재생열이 차지하는 비율은 2025년 12%에 그칠 전망이다.

글로벌 재생에너지
시장 전망

    앞서 살펴본 것처럼 재생에너지 시장은 전 세계적으로 지속적인 성장을 보일 것으로 전망된다. IEA는 정책적 모멘텀으로 인해 재생에너지가 더욱 부양되는 결과를 가져올 것이라고 분석하였다. 청정에너지에 집중된 경제 부양 조치는 직간접적으로 재생에너지를 지원하게 된다. 4,700억 달러의 에너지 관련 부양책은 주로 개별 국가들의 단기 경제 부양책에 주목적을 두고 있다. 반면 미국은 청정에너지에 집중하여 경제 성장을 목표로 하는 정책에 1,080억 달러의 예산을 설정하였다. 이러한 조치들은 건물 그리드, 기차, 저탄소 수소와 같은 분야에 직간접적으로 추가적인 재정을 제공함으로써 재생에너지를 지원한다. 이는 또한 향후 개시될 EU의 경제 부흥 계획의 일환이기도 하다. EU의 경제 부흥 계획에는 기후 관련 지출이 3,100억 달러에 이를 전망이다. 그중에서도 코로나19 사태로 인하여 심각한 타격을 받았던 수송용 재생에너지 연료는 특별한 지원이 필요한 부문이다. 하지만 정부의 지원을 받은 전 세계 30여 개 항공사 중 단 2개의 항공사만이 환경 규제를 준수하였고, 2% 수준의 바이오연료를 혼합한 지속 가능한 항공유(Sustainable Aviation Fuel, SAF) 사용을 요구받는다.

앞으로 각국은 탄소중립 목표를 설정함으로써 재생에너지의 보급을 확대할 것으로 분석된다. EU와 몇몇 유럽 국가의 뒤를 이어 아시아 주요국인 일본과 한국은 2050년까지, 중국은 2060년까지 탄소중립 목표를 설정하였다. 물론 아직 조금 이르다는 평가가 있긴 하지만 이러한 흐름은 전 세계 시장에 중요한 영향을 미치며 재생에너지 보급을 촉진할 것이다.

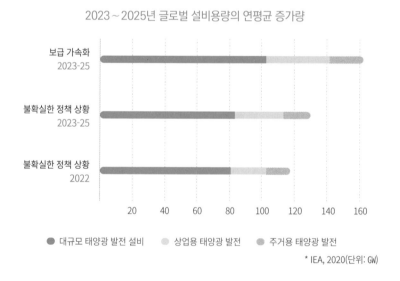

2023~2025년 글로벌 설비용량의 연평균 증가량

● 대규모 태양광 발전 설비   ● 상업용 태양광 발전   ● 주거용 태양광 발전

* IEA, 2020(단위: GW)

한편으로는 재생에너지의 비용 하락이 계속되면서 투자자들의 조망과 정책 역할을 바꿀 것으로 보인다. 재생에너지는 그동안 경매와 발전차액지원제도(FIT) 등의 정책 프로그램 밖에서 순전히 시장 기반으로 성장하여 왔으며, 2025년에는 15% 이상의 성장세를 기록할 것으로 예측된다.

재생에너지 성장의 기반이 된 시장에는 기업 전력 구매 약정, 도매 전력 가격의 상승 혹은 다른 계약이 존재한다. 장기 보상 체계 및 공급 안정성 마련을 위해서는 정책과 규제 프레임워크가 여전히 필수적으로 중요하다. 그와 동시에 계약 가격을 낮추려는 경쟁도 계속될 것이다. 다음 5년 동안 재생에너지가 전 지구적으로 팽창하는 데 있어 경매와 그린인증서가 60%를 차지할 것으로 예측된다. 이러한 흐름에 맞게 재생에너지에 대한 석유와 가스 관련 주요 기업들의 투자는 2020~2025년 동안 10배 증가할 것으로 기대된다.

/ 3장 /

한국, 재생에너지 보급에
적극 동참하다

재생에너지,
'신에너지'를 벗다

　이번에는 신에너지와 재생에너지의 차이점이 무엇이고 또 각 용어들이 어떻게 우리 사회에서 자리 잡아 왔는지 살펴보자. 한국에서 '재생에너지'라는 용어는 법률적으로 신에너지와 함께 묶여 쓰이고 있으며, 흔히 '신재생에너지'라는 용어로 통용된다. 이는 2021년 8월 기준 근거 법률인 '신에너지와 재생에너지 보급·이용·촉진에 관한 법률'에서도 확인할 수 있다.

　신재생에너지는 원자력, 석탄발전 등 기성 에너지원 시각에서 바라본 용어다. 신에너지는 주로 수소에너지, 연료전지, 석탄 가스화(IGCC)를 이르며 재생에너지에는 태양광, 태양열, 풍력, 수력, 해양, 지열, 바이오, 폐기물이 해당된다. 이렇게 명확히 구분되지만 기성 에너지 입장에서는 '새롭다'는 의미로 신재생에너지로 통칭한 것으로 보인다. 2021년 수립된 '제9차 전력수급기본계획'을 보면 여전히 신재생에너지라는 용어가 사용되고 있다. 개념상 혼동은 여기에 그치지 않는다. 재생에너지 가운데 하나인 폐기물에너지 통계에서 비재생폐기물이 빠진 것은 2019년 4분기부터이다. 이전의 신재생에너지라는 용어는 사실상 국제 기준에도 맞지 않았던 셈이다.

신에너지와 재생에너지는 분명히 다르다. 재생에너지는 자연의 무한한 자원을 이용하거나 역내(域內)의 자원을 재활용한다는 점에서 기성 에너지와 차별화된다. 또한 신에너지는 여전히 가스(연료전지의 천연가스 개질 수소)나 석탄(IGCC) 기반 에너지원이기 때문에 재생에너지와는 다르다. 예를 들어 수소에너지는 신에너지의 범주에 들어가지만 2021년 5월 기준 수소에너지의 대부분은 추출 수소(LNG 개질 수소)로서 화석연료 기반이라고 볼 수 있다. 2019년 1월 7일 산업부가 발표한 '수소경제 활성화 로드맵'을 살펴보더라도 2021년에는 여전히 화석연료 기반이며 2022년경에야 수전해가 활용된다는 것을 알 수 있다.

한국 정부는 초기에 재생에너지를 '대체에너지'라는 이름으로 육성해 왔다. 이른바 대체에너지는 1970년대부터 대학과 연구소를 중심으로 연구되기 시작하였는데, 1980년대 후반에 이르러서야 정부가 주도하는 사업으로 발전하였다. 하지만 2004년에는 그 비중이 1.4%에 불과하였으며 그나마도 쓰레기 소각장의 매립 가스를 제외하면 실제 비중은 0.5%에 그쳤다. 그 이유는 초기 투자 비용이 많이 들어 경제성이 부족하였기 때문이다. 하지만 이러한 단점에도 불구하고 대체에너지는 '환경친화적이고 무한히 이용할 수 있다'는 장점을 인정받아 명맥을 이어갔다.

이후 대체에너지는 2008년 리먼 브라더스 사태로 인해 벌어진 세계 경제 불황과 고유가 상황으로 인해 다시 주목받게 된다. 한국 정부는 그해 9월 '그린에너지산업 발전전략'을 수립하였고, 2010년 10월에는 '신재생에너지산업 발전전략'을, 2011년 10월에는 '신재생에너지 추진 전략'을 수립하였다. 이즈음이 대체에너지 대신 '신재생에너지'라는 용어가 공식적으로 자리 잡은 시기로 볼 수 있다.

이후에도 다양한 변화가 시도되었다. 2014년 11월에는 수요자원 거래시장이 개설되었고, 전력 저장 설비가 '신재생에너지법 시행규칙'에 편입되었다.[5] 또한 2015년 7월에는 신재생에너지 전력 저장 설비를 기반으로 에너지산업 정책단이 출범되었으며, 2017년 3월 21에는 '전기사업법' 제3조②에 정부의 책무로 '경제성, 환경 및 국민안전'에 대한 고려 의무가 삽입되기도 하였다.[6] 하지만 이러한 큰 변화 속에서도 신에너지와 재생에너지는 여전히 한 몸으로 취급되었다.

재생에너지라는 용어가 산업부 정책에서 공식적으로 나타난 때는 '재생에너지 3020 이행계획'이 수립된 2017년 12월경이다. 이 계획을 통해 정부는 2030년 재생에너지 발전량 비중을 20%까지 늘리고, 설비 용량은 63.8GW까지 늘린다는 목표를 설정하였다.

에너지원별로는 신규 설비의 95% 이상을 태양광, 풍력 등 재생에너지로 공급하겠다고 밝혔으며, 이행 방안으로는 국민 참여형 발전사업과 대규모 프로젝트를 꼽았다. 이 계획대로라면 2030년에 태양광 설비용량은 36.5GW로 전체의 57%를 차지하고, 풍력은 17.7GW로 28%를 차지하게 된다.

재생에너지 3020 이행계획상의 에너지원별 설비용량

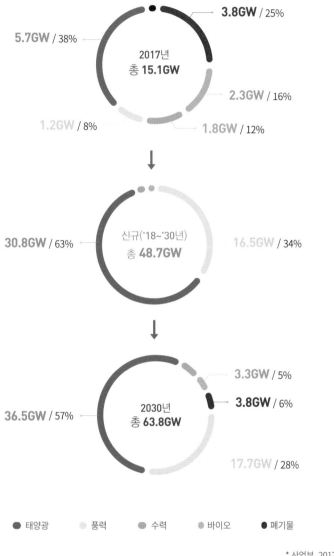

3.8GW / 25%

5.7GW / 38%

2017년
총 15.1GW

2.3GW / 16%

1.2GW / 8%

1.8GW / 12%

30.8GW / 63%

신규('18~'30년)
총 48.7GW

16.5GW / 34%

3.3GW / 5%

36.5GW / 57%

3.8GW / 6%

2030년
총 63.8GW

17.7GW / 28%

● 태양광　　● 풍력　　● 수력　　● 바이오　　● 폐기물

* 산업부, 2017

'재생에너지 3020 이행계획'을 바탕으로 정부는 관계부처 합동으로 「재생에너지산업 경쟁력 강화 방안」을 발표하였다. 이 보고서를 통해 정부는 제품 효율 품질 기반으로 시장 경쟁 구도를 전환하고, 시장·기술·기업 체질 등 산업 생태계의 경쟁력을 보강하며, 해외 진출 촉진을 통하여 재생에너지를 활성화시키겠다고 밝혔다.

2019년 8월에 이르러 재생에너지는 한 번 더 정책적인 주목을 받게 된다. IEA가 2017년에 발간한 보고서인 「Getting Wind and Sun onto the Grid」를 한국의 전력거래소가 「태양과 바람의 전력망 수용」이라는 제하의 한글 공식 번역본으로 발간하였기 때문이다. 여기에는 햇빛, 바람 등 자연을 이용한 발전을 인간이 통제하기 어려운 에너지라는 의미로 '가변재생에너지(Variable Renewable Energy, VRE)'로 정의하고 VRE에 대한 편견을 해명하는 내용이 담겨 있다. 또 전력망에 연결하는 VRE의 비중을 6단계로 나눠 분석하기도 하였다.

탄력받는
한국의 재생에너지

　이제 시선을 한국의 재생에너지 시장으로 돌려보자. 한국의 재생에너지 설비용량은 2020년 기준 누적 24.979GW이며 2020년 재생에너지 발전량은 37.162TWh에 이른다. 한국에너지공단이 2021년 11월 발간한 「2020년 신재생에너지 보급통계 결과 요약」에 따르면 2020년 발전량이 579.937TWh이므로 재생에너지 발전량은 전체 발전량의 약 6.41%를 차지한다고 볼 수 있다.

　이처럼 재생에너지가 선전한 이유는 최근 몇 년간 목표를 상회한 보급 실적 때문이다. 산업부에 따르면 2018년 재생에너지 보급 목표는 1.7GW였으나 실제 보급량은 3.4GW였으며, 2019년 보급 목표는 2.4GW였지만 실제 보급량은 4.4GW를 기록하였다. 또한 2020년에는 4.2GW를 보급 목표로 하였지만 실제 보급량은 4.8GW로 목표를 초과 달성하였다. 특히 2020년에는 코로나19 사태 속에서도 보급 실적이 역대 최대치를 기록하여 눈길을 끌었다. 이러한 현상은 IEA의 분석과 일치하고 있으며 전 세계적인 흐름이라고 할 수 있다.

이를 에너지원별로 살펴보면 무엇보다 태양광발전의 보급이 두드러졌다. 태양광은 2016년 누적 4.88GW, 2017년 6.43GW, 2018년 8.92GW, 2019년 12.71GW, 2020년에는 17.32GW를 기록하였다.

태양광발전과 풍력발전을 제외한 재생에너지인 수력, 해양, 지열, 바이오, 폐기물(비재생폐기물 전체 제외)의 보급도 주목할 만하다. 이들의 보급량은 2016년 누적 4.23GW, 2017년 4.62GW, 2018년 5.42GW, 2019년 5.57GW, 2020년 6.01GW로 나타났다.

반면 풍력발전의 보급은 지지부진한 것으로 나타났다. 풍력 보급량은 2016년 누적 1.03GW, 2017년 1.14GW, 2018년 1.3GW, 2019년 1.49GW, 2020년 1.64GW에 머물렀다.

태양광발전의 보급량이 늘어나면서 발전량도 늘었다. 하지만 여전히 태양광발전과 풍력발전은 이를 제외한 재생에너지의 발전량과는 큰 차이를 보여주었다. 2016년부터 2020년까지 5개년을 살펴보면 태양광은 각각 5.51TWh, 7.74TWh, 10.15TWh, 14.16TWh, 19.30TWh를 발전하였고, 풍력은 1.68TWh, 2.17TWh, 2.46TWh, 2.68TWh, 3.15TWh를 발전하였다. 반면 태양광과 풍력을 제외한 재생에너지(비재생에너지 제외)는 5개년 동안 각각 9.96TWh, 11.11TWh, 13.57TWh, 14.03TWh, 14.71TWh를 기록하며 격차를 크게 벌렸다.

재생에너지 누적 설비용량

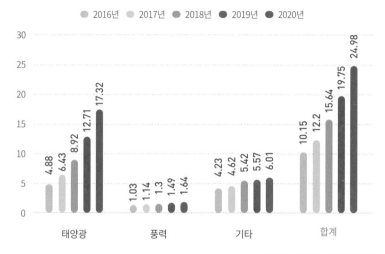

● 2016년　● 2017년　● 2018년　● 2019년　● 2020년

태양광: 4.88, 6.43, 8.92, 12.71, 17.32
풍력: 1.03, 1.14, 1.3, 1.49, 1.64
기타: 4.23, 4.62, 5.42, 5.57, 6.01
합계: 10.15, 12.2, 15.64, 19.75, 24.98

* 한국에너지공단, 2021(단위: GW)

재생에너지 발전량

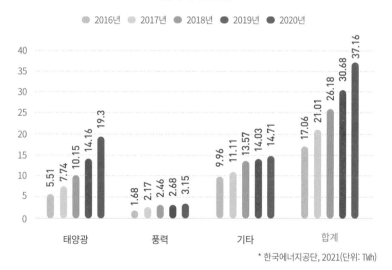

● 2016년　● 2017년　● 2018년　● 2019년　● 2020년

태양광: 5.51, 7.74, 10.15, 14.16, 19.3
풍력: 1.68, 2.17, 2.46, 2.68, 3.15
기타: 9.96, 11.11, 13.57, 14.03, 14.71
합계: 17.06, 21.01, 26.18, 30.68, 37.16

* 한국에너지공단, 2021(단위: TWh)

재생에너지는 앞으로도 꾸준히 성장할 것으로 전망된다. '제5차 신재생에너지 기본계획'에 따르면 재생에너지 설비용량 목표는 2022년 누적 34.9GW이며, 2030년 누적 60GW, 2034년에는 누적 80.8GW이다. 또한 같은 시기에 재생에너지 발전 비중은 2022년 8.7%, 2030년 17.3%, 2034년 22.2%이다. 반면 신에너지의 경우는 설비용량 목표가 2022년 누적 1.5GW, 2030년 누적 3GW, 2034년 누적 3.6GW이다. 신에너지 발전 비중도 2022년 1.4%, 2030년 3%, 2034년 3.6%로 재생에너지와 비교하기에는 적은 수치이다.

5차 신재생에너지 기본계획 설비용량

* 산업부, 2021(단위: GW)

5차 신재생에너지 기본계획 설비별 비중

신재생에너지   재생에너지   신에너지

* 산업부, 2021(단위: %)

　한편 신에너지의 비중이 재생에너지에 비하여 적지만 이들 둘을 합한 신재생에너지의 설비용량과 발전량은 점차 LNG와 원전, 석탄을 압도할 것으로 보인다. '제5차 신재생에너지 기본계획'의 상위 법령으로 2021년 산업부가 발표한 '제9차 전력수급기본계획'을 살펴보자. 먼저 신재생에너지 보급 용량은 2020년에 누적 20.1GW로 LNG(누적 41.3GW), 석탄(누적 35.8GW), 원전(누적 23.3GW)과 비교하면 가장 적은 수치다. 하지만 2022년에는 신재생에너지 설비용량이 누적 29.4GW로 원전(누적 26.1GW)을 앞서게 된다. 2030년이 되면 신재생에너지 설비용량은 누적 58GW로 LNG(누적 54.5GW), 석탄(누적 32.6GW), 원전(누적 20.4GW)을 앞서고, 다시 2034년에는 누적 77.8GW로 다른 에너지원을 크게 앞설 전망이다.

9차 전력수급계획 설비용량

* 산업부, 2021(단위: GW)

신재생에너지   LNG   석탄   원전   기타

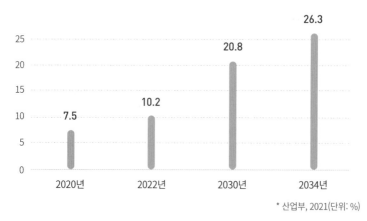

9차 전력수급계획 신재생에너지 발전 비중

* 산업부, 2021(단위: %)

이와 함께 신재생에너지의 발전 비중 또한 꾸준히 증가하여 2020년에는 7.5%에 불과하였지만 2022년 10.2%, 2030년 20.8%, 그리고 2034년에는 26.3%를 기록할 전망이다.

재생에너지 분야에서 또 하나의 특징적인 사건은 3MW 초과 대형 태양광발전소에 대한 인허가가 증가했다는 점이다. 2020년 8월에 전기위원회가 공개한 '3MW 초과 발전사업허가대장'에 따르면 인허가를 받은 태양광은 2007년 90MW에서 2013년 334.8MW로, 2019년에는 4.3GW까지 증가했다. 그리고 2020년에는 911MW를 기록하여 2007년에서 2020년까지 인허가를 받은 3MW 초과 태양광발전은 총 7.8GW인 것으로 집계되었다.

물론 인허가를 받은 모든 태양광발전이 건설·시공으로 이어지지는 않는다. 하지만 이러한 점을 감안하더라도 태양광발전의 대형화 추세가 하나의 흐름임을 파악할 수 있다.

3MW 초과 태양광발전소 현황

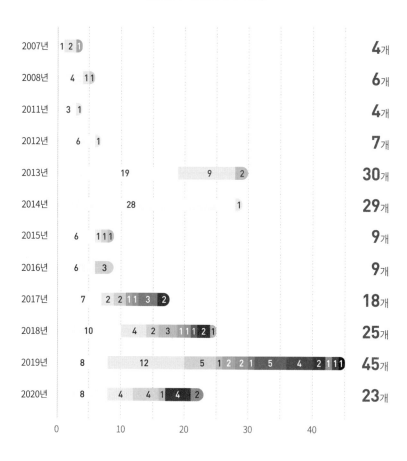

2007년	1 2 1 → **4**개
2008년	4 1 1 → **6**개
2011년	3 1 → **4**개
2012년	6 1 → **7**개
2013년	19 9 2 → **30**개
2014년	28 1 → **29**개
2015년	6 1 1 1 → **9**개
2016년	6 3 → **9**개
2017년	7 2 2 1 1 3 2 → **18**개
2018년	10 4 2 3 1 1 1 2 1 → **25**개
2019년	8 12 5 1 2 2 1 5 4 2 1 1 1 → **45**개
2020년	8 4 4 1 4 2 → **23**개

0   10   20   30   40

- 3MW초과~10MW이하
- 10MW초과~20MW이하
- 20MW초과~30MW이하
- 30MW초과~40MW이하
- 40MW초과~50MW이하
- 50MW초과~60MW이하
- 60MW초과~70MW이하
- 70MW초과~80MW이하
- 80MW초과~90MW이하
- 90MW초과~100MW이하
- 110MW초과~120MW이하
- 200MW초과~210MW이하
- 400MW초과~500MW이하
- 2GW초과

* 전기위원회, 3MW 초과 발전사업허가대장(2020년 8월초까지) 재구성

그린뉴딜,
재생에너지 보급을 견인하다

　재생에너지 보급의 측면에서 '그린뉴딜'은 빼놓을 수 없는 방안이다. 그린뉴딜은 이제 더 이상 낯선 용어가 아니다. 유럽은 그린뉴딜을 모토로 하여 고용과 신산업 창출의 한 방편으로 재생에너지 보급을 활용하였고, 미국의 오바마 전 대통령은 그린뉴딜을 정당 정책으로 내세우기도 했다.

　한국에서는 21대 총선을 앞둔 2020년 3월 집권 여당인 더불어민주당의 총선 공약에 그린뉴딜이라는 용어가 등장하여 주목받았다. 이후 그린뉴딜은 K뉴딜로 확대 개편되었다. 당시 집권당은 K뉴딜 위원회를 만들어 하위에 디지털뉴딜 분과, 그린뉴딜 분과, 고용·사회안전망·사람투자 분과를 두며 입법 활동에 나섰다. 문재인 대통령은 2020년 9월 3일 제1차 한국판 뉴딜 전략회의를 주재하며 국민 참여형 뉴딜 펀드를 조성하기 시작했다.

그린뉴딜 관련 입법 계획은 원래 기본 법령과 발전, 수송, 건물, 지방 분권, 금융, 교육 등 방대한 영역을 아우르며 수립되었다. 21대 국회가 들어선 후 2021년 5월까지 약 52개 법률안이 제안되었는데, 발의된 법률은 크게 4가지로 구분할 수 있다. 재생에너지에 관한 입법안, 스마트그린산단에 관한 입법안, 발전소 주변 지역 지원 및 농지법 등에 관한 법률 그리고 마지막으로 총괄적인 성격의 입법안이다.

주요한 성과로는 신재생에너지 공급의무화제도 상한선 상향 조정('신재생에너지법' 개정안), 직접 PPA 도입('전기사업법' 개정안), 스마트그린산단 조성·운영 근거 마련, 해상풍력 발전소 주변 지역 지원, 기후 위기 비상 대응 촉구 결의안, 기후 위기 대응을 위한 탄소중립·녹색성장 기본법안(이하 '탄소중립기본법') 등을 들 수 있다. 이외에도 2022년 1월 전력 시장 급전 순위 결정 시 배출권 거래 비용 반영('전기사업법' 개정안), 에너지 전환 지원에 관한 법률안, 기후 위기 대응을 위한 녹색금융 촉진 특별법안, 분산에너지 활성화 특별법안 등의 입법안도 주목받고 있지만 아직 통과는 안 됐다.

특히 2021년 8월 31일 국회 본회의를 통과한 '탄소중립기본법'은 유사한 내용의 법안 8개를 병합한 대안이다. 골자는 온실가스 감축 및 기후 위기 적응 대책 강화와 정의로운 전환 추진, 그리고 녹색기술과 산업 육성이다. 이 법안은 정부가 2050년 탄소중립을 국가 비전으로 선포하고 국가 탄소중립·녹색성장 기본계획을 5년마다 수립·시행토록 하고 있다. 또한 대통령 소속으로 2050 탄소중립녹색성장위원회와 지자체별로 동일한 위원회를 설치하도록 하였다. 공공기관도 기후 위기 적응 대책을 5년마다 수립·시행해야 한다. 이로써 한국도 2050 탄소중립을 이행할 법적 기반을 갖추게 되었다.

에너지 정책의 지방분권화와 재생에너지 확대가 근간인 그린뉴딜이 자리 잡으려면 우선 한국이 유럽, 미국과는 다른 상황임을 인식해야 한다. 단순히 정의감 실현이나 환경 운동의 차원에서 그린뉴딜을 접근할 경우 이전의 시도처럼 자칫 좌초될 수 있기 때문이다.

무엇보다 한국에서 그린뉴딜의 선결 조건은 '기존 계통에 대한 이해'이다. 따라서 한해 1조 원가량 되는 한전의 송배전망 유지 예산의 세부 내역을 검토하고, 이 가운데 재생에너지 확보를 위해 기여할 수 있는 부분은 없는지 살펴볼 필요가 있다.

그린뉴딜을 활성화하려면 새로운 전력 기술에 대한 이해도 필요하다. 재생에너지가 널리 보급되지 않는 이유는 계통의 안정된 운영에 위해를 줄 수 있다는 분석이 있기 때문이다. 이는 에너지저장장치(ESS)가 부착된 마이크로그리드 등으로 해결할 수 있지만 법제도에 묶여 활성화되지는 못하고 있다.

또 하나 고려할 사항은 에너지 분권을 수행할 지방자치단체의 역량이다. 중앙정부의 교부금에 상당 부분 의존하고 있는 지방자치단체들은 먼저 역량을 배양하는 데 힘을 기울여야 한다. 이를 위해서는 선언과 구호를 앞세우기보다는 기술적 실행 능력을 기르는 것이 중요하다. 즉 '우수한 전력 기술 인재를 지방에 유치하고 그들에게 분권화된 전력망을 맡길 수 있는가'의 여부가 한국에서 그린뉴딜의 성공을 가늠할 수 있게 할 것이다.

| 그린
에너지 | '22년까지
6.6조원
(국비 5.3조) | '25년까지
15.3조원
(국비 12.8조) | • '22년까지 총사업비 4.5조원(국비 3.7조원) 투자,
일자리 1.6만개 창출
• '25년까지 총사업비 11.3조원(국비 9.2조원) 투자,
일자리 3.8만개 창출 |
| 스마트
그린산단 | | | • '22년까지 총사업비 2.1조원(국비 1.6조원) 투자,
일자리 1.7만개 창출
• '25년까지 총사업비 4.0조원(국비 3.6조원) 투자,
일자리 3.3만개 창출 |

정책	• 공공기관 신재생에너지 의무비율 상향('20년 30% → '30년 40%) • 제3자 전력구매계약(PPA) • 신재생에너지 융자 지원 확대 • 산업단지 대상 융자 지원 신설 • 질서 있는 해역 관리 • 탄소 인증제 • 선제적 계통 보강 • 발전사의 RPS 의무 이행율 ↑ ('21년 9%, '22년 10%) • 발전사의 RPS 의무 이행율 법정 상한 10% 폐지
사업	• 위기지역 대상 신재생에너지 업종 전환 • 주민 참여 이익공유형 신재생에너지 프로젝트 • 에너지 실시간 모니터링 마이크로그리드 기반 스마트 에너지 플랫폼 • 저수지 등 농업 기반 시설 활용 • 재생에너지 집적화단지 • 스마트 그린산단 • 계획입지제도 • RE100 확산 • 대규모 해상풍력 배후·실증단지 구축 • 대규모 해상풍력 13개 권역 풍황 계측·타당성 조사 • 신재생에너지 사업에 주주로 참여하는 지역 주민에 투자금 융자
목표·효과	• 대형 태양광발전 사업 확대 • 대형 풍력발전 사업 확대 ⟶ 재생에너지 확대

2050 탄소중립 시나리오의 확정

이제 본격적으로 한국의 '2050 탄소중립 시나리오'를 자세히 살펴보도록 하자. 2021년 8월 5일, 2050 탄소중립위원회는 '2050 탄소중립 시나리오 초안'을 발표하였다. 이는 앞서 6월 27일 언론에 유출되었던 내용보다 훨씬 강력해진 목표치를 담고 있다.

먼저 6월 27일에 유출된 시나리오를 들여다보자. 시나리오 1안은 2018년 기준 7억 2,760만 톤이던 온실가스 배출량을 83% 줄인 1억 2,710만 톤이며, 2안은 80% 줄인 1억 4,490만 톤이다. 하지만 8월 5일 발표된 시나리오 초안에서는 온실가스 목표량에 다소 변화가 있었다. 1안의 경우 96.3% 줄인 2,540만 톤, 2안은 97.3% 줄인 1,870만 톤, 3안은 100% 줄인 넷 제로 상태로 발표되었다.

2050 탄소중립 시나리오에서 전환 부문을 살펴보면 2050년 온실가스 배출량 목표치는 1안이 4,620만 톤(석탄발전 최소 유지), 2안은 3,120만

톤(석탄발전 중단), 3안은 넷 제로(화석연료발전 중단)이다. 이는 2018년 기준 2억 6,960만 톤과 비교하다면 82.9~100% 감축한 수치이다. 재생에너지를 중심으로 전력을 공급하되, 수소, 잔여 원전 등 무탄소 전원을 활용하기 때문에 가능할 것으로 보인다.

또한 전력 수요는 2018년 대비 204.2~212.9% 증가한 1,165.4~1,215.3TWh가 될 것으로 예상하였다. 이는 산업, 수송, 건물 등 각 부문별로 전력화가 진행될 것으로 판단하였기 때문이다.

세 가지 시나리오 중 1안은 2050년까지 기준 수명을 다하지 않은 석탄발전소 7기를 유지하고 CCUS 기술을 적용하여 순배출을 제로화하는 안이다. 2안은 석탄발전소 7기를 중단하고 LNG발전은 유연성 전원으로 활용하되, CCUS 기술을 적용하여 순배출을 제로화하는 것이다. 3안은 석탄발전소 7기와 LNG발전 전량을 중단한다는 내용이다. 다만 이 경우 예외적으로 산단 및 가정·공공 열 공급용 LNG는 유지한 채 배출된 온실가스의 양을 산업과 건물 부분의 배출량에 포함시켰다. 참고로 2018년을 감축 목표 설정을 위한 기준 연도로 설정한 이유는 2018년이 한국 온실가스 배출 정점이기 때문이다.

2050년 전력 수요 전망

구분	산업	수송	건물	농축수산	수소생산	CCUS	합계
1안	503.6	84.1	296.7	25.1	110.9	192.0	1,212.4
2안			285.7			156.0	1,165.4
3안		71.3	277.1		236.0	102.2	1,215.3

* (단위: TWh)

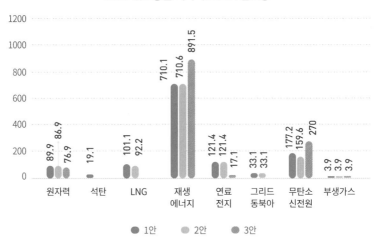

2050 탄소중립 시나리오 초안 발전량

원자력: 89.9 / 86.9 / 76.9
석탄: 19.1
LNG: 101.1 / 92.2
재생에너지: 710.1 / 710.6 / 891.5
연료전지: 121.4 / 121.4 / 17.1
그리드 동북아: 33.1 / 33.1
무탄소 신전원: 177.2 / 159.6 / 270
부생가스: 3.9 / 3.9 / 3.9

● 1안 ● 2안 ● 3안

* (단위: TWh)

2050 탄소중립 시나리오 초안 전원별 발전량 비중

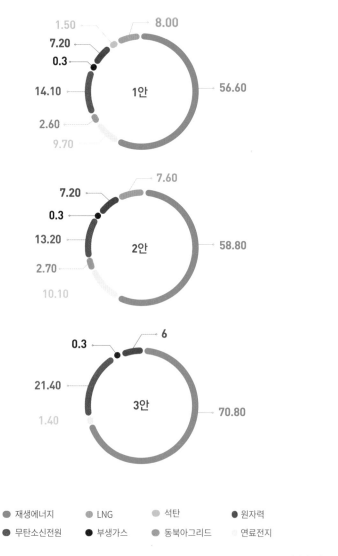

재생에너지 ●   LNG ●   석탄 ●   원자력 ●

무탄소신전원 ●   부생가스 ●   동북아그리드 ●   연료전지 ●

* (단위: %)

2021년 10월 18일, 정부는 '2050 탄소중립 시나리오 최종안'을 발표하였으며 다시 2개로 압축된 시나리오가 제시되었다. 가장 큰 특징은 국내 순배출량을 영(0)으로 한다는 점이다. 즉 IPCC 「1.5℃ 특별보고서」를 토대로 모든 국가가 2050년 탄소중립을 추진한다는 전제 하에 국외 감축분이 없는 2050년을 가정하였다.

기존의 3안을 수정한 A안은 화력발전을 전면 중단하는 등 배출 자체를 최대한 줄이는 안이다. B안은 화력발전이 잔존하는 대신 CCUS 등 제거 기술을 적극 활용하는 안으로 기존의 2안을 수정한 내용이다. 기존의 1안은 석탄발전을 일부 유지하는 안으로 시민 사회의 맹렬한 비판을 받았다. 따라서 정부는 에너지 전환에 대한 명확한 신호를 위해 기존 2안과 3안을 중심으로 최종안을 구성했다.

전환 부문에서 A안은 2018년 2억 6,960만 톤에서 100% 줄어든 0톤으로 화력발전을 전면적으로 중단하는 시나리오이다. B안의 경우는 92.3%가 줄어든 2,070만 톤을 배출하는 시나리오로서 화력발전 일부(LNG)를 유지하여 배출량이 잔존하게 된다.

시나리오상 전원별 발전량 및 온실가스 배출량

구분	A안		B안	
	전체 에너지 소비량	부문별 소비량 비중	전체 에너지 소비량	부문별 소비량 비중
원자력	76.9	6.1%	86.9	7.2%
석탄	0.0	0.0%	0.0	0.0%
LNG	0.0	0.0%	61.0	5.0%
재생에너지	889.8	70.8%	736.0	60.9%
연료전지	17.1	1.4%	121.4	10.1%
동북아그리드	0.0	0.0%	33.1	2.7%
무탄소·가스터빈	270.0	21.5%	166.5	13.8%
부생가스	3.9	0.3%	3.9	0.3%
합계	1257.7	100%	1,208.8	100%
예상배출량 (백만 톤)	**0**		**20.7**	

- 석탄발전 중단은 근거 법률 및 보상 방안 마련 전제
- 환경 급전, 배출권거래제 등 시장 메커니즘 활용 전환 추진

* (단위: TWh)

시나리오 최종안에서 배출량 변화를 좀 더 세부적으로 들여다보자. 산업, 건물, 농축수산, 폐기물 부문에서는 A안과 B안이 동일하며 수송, 수소, 탈루 부문에서는 다소 차이를 보여준다.

우선 산업 부문의 배출량은 2018년 2억 6,050만 톤에서 80.4%를 감축하여 2050년에는 5,110만 톤을 배출한다. 철강의 경우는 수소환원제철로 100% 대체하고 철스크랩 전기로 조강을 확대하여 배출량 95%를 감축한다는 안이다. 또한 시멘트는 유연탄에서 폐합성수지로 100% 연료 전환하거나 일부 원료는 석회석에서 슬래그로 전환하여 배출량의 53%를 감축한다는 전략이다. 석유화학·정유는 전기 가열로 등을 도입하거나 석유납사를 바이오납사 등으로 전환하여 배출량의 73%를 감축할 계획이다. 그리고 반도체·디스플레이 등 전력 다소비 업종의 경우 에너지 효율화 및 불소계 온실가스 저감 등으로 배출량의 78%를 감축하게 된다.

건물 부문의 배출량은 2018년 5,210만 톤에서 2050년에는 620만 톤으로 88.1% 줄어든다. 제로에너지건축물 1등급 100%, 에너지원단위 개선, 태양광이나 지열·수열 등을 활용한 냉난방 및 급탕 등이 배출량 감축 수단이다.

농축수산 부문의 배출량은 2018년 2,470만 톤에서 2050년 1,540만 톤으로 37.7% 감축된다. 어선 및 농기계 연료를 전기 및 수소화하고 영농법을 개선하여 메탄·아산화질소 발생을 억제하는 방안이나 가축 분뇨를 이용한 자원 순환을 확대하는 등의 방안을 강구하는 중이다.

폐기물 부문에서는 2018년 1,710만 톤에서 74.3%가 감축되어 2050년에는 440만 톤을 배출한다. 폐기물의 감량 및 재활용, 바이오 플라스틱, 바이오가스의 에너지 활용 등이 배출량 감축 수단이다.

수송 부문에서는 배출량이 2018년 9,810만 톤에서 2050년에는 A안 280만 톤, B안 920만 톤으로 줄어든다. A안에서는 도로 부문 차량의 전면적인 전기·수소화(97% 이상)를 추진하며, B안에서는 15% 미만이지만 내연기관차가 잔존하여 E-fuel 등의 대체연료를 활용하게 된다.

수소 부문은 배출량이 영(0)으로 평행(A안)을 이루거나 2050년 900만 톤(B안)으로 증가한다. A안의 경우 국내 생산 수소를 전량 수전해 수소(그린수소)로 공급하는 시나리오이며, B안은 국내 생산 수소 일부를 추출 수소 또는 부생 수소로 공급하는 시나리오이다.

구체적으로 살펴보면 A안의 경우 2050년 수소 공급량의 79.9%를 해외에서 수입하고 나머지는 국내에서 수전해 방식으로 전량 생산한다. B안의 경우 수소 공급량의 82.1%를 해외에서 수입하고 국내에서 생산하는 비중은 17.9%다. 국내 생산분의 10.8%는 수전해 방식으로 생산한 그린수소로 공급하고 추출 수소와 부생 수소의 비중도 각각 3.6%이다.

2050 탄소중립안의 수소 공급 방식

구분	해외 수입	수전해	추출	부생	수소공급량 (합계)	온실가스 배출량
A안	21.9	5.5	0.0	0.0	27.4	0
비중	79.9%	20.1%	0%	0%	100%	-
B안	22.9	3.0	1.0	1.0	27.9	9
비중	82.1%	10.8%	3.6%	3.6%	100%	-

* (단위: 백만 톤H2, 백만 톤CO2-eq)

탈루 부문을 보면 천연가스 사용 시 발생하는 기타 누출이 대부분이다. 부문별 천연가스 소비 전망을 토대로 배출량은 2018년 560만 톤에서 2050년 50만 톤(A안) 혹은 130만 톤(B안)으로 추정된다.

이번에는 온실가스를 흡수 및 제거하는 항목의 변화를 살펴보자. 먼저 흡수원의 경우는 2018년 -4,130만 톤에서 2050년 -2,530만 톤으로 38.7%가 줄어든다.

CCUS는 2018년 온실가스 처리는 0톤이지만 2050년에는 -5,510만 톤(A안) 혹은 -8,460만 톤(B안)이 된다. 포집 및 저장(CCS)의 경우 국내외 해양 지층 등을 활용하여 최대 6,000만 톤을 저장할 수 있다. 포집 및 활용(CCU)에서는 광물탄산화, 화학적 전환, 생물학적 전환 등을 통해 최대 2,520만 톤을 처리할 수 있는 것으로 추산된다.

마지막으로 직접공기포집(DAC) 방법이 있다. 이는 E-fuel을 사용하는 B안에만 해당되는 사항인데, 2018년 DAC의 처리량은 0톤이지만 2050년에는 -740만 톤이 된다.

위와 같은 2050 탄소중립 시나리오 최종안은 2021년 10월 18일에 개최된 2050 탄소중립위원회 제2차 전체 회의에서 확정되었다.

2050 탄소중립 시나리오 최종안 총괄표

구분	부문	'18년	초안 1안	초안 2안	초안 3안	최종본 A안	최종본 B안	비고
배출량		686.3	25.4	18.7	0	0	0	
배출	전환	269.6	46.2	31.2	0	0	20.7	(A안) 화력발전 전면 중단 (B안) 화력발전 중 LNG 일부 잔존 가정
	산업	260.5	53.1	53.1	53.1	51.1	51.1	
	건물	52.1	7.1	7.1	6.2	6.2	6.2	
	수송	98.1	11.2	11.2	2.8	2.8	9.2	(A안) 도로 부문 전기수소차 등 전면 전환 (B안) 도로 부문 내연기관차 대체연료(E-fuel 등) 사용 가정
	농축수산	24.7	17.1	15.4	15.4	15.4	15.4	
	폐기물	17.1	4.4	4.4	4.4	4.4	4.4	
	수소	-	13.6	13.6	0	0	9	(A안) 국내 생산 수소 전량 수전해 수소(그린수소)로 공급 (B안) 국내 생산 수소 일부 부생·추출 수소로 공급
	탈루	5.6	1.2	1.2	0.7	0.5	1.3	
흡수 및 제거	흡수원	-41.3	-24.1	-24.1	-24.7	-25.3	-25.3	
	CCUS	-	-95	-85	-57.9	-55.1	-84.6	
	DAC	-	-	-	-	-	-7.4	포집 탄소는 차량용 대체연료로 활용 가정

시나리오 간 내용이 상이한 부분은 볼드체로 표시 　　　　　　　　　* (단위: 백만 톤CO_2-eq)

재생에너지의 비중을 약 57~71%까지 늘리는 것은 분명 도전적인 과제이다. 재생에너지 발전 비중이 50%를 넘는 경우는 IEA가 펴낸 「태양과 바람의 전력망 수용」에서도 논의하지 않은 단계지만 여기에서는 각각 변동재생에너지(VRE) 보급을 5~6단계로 나눠 설명하고 있다.

VRE 보급 5단계는 VRE 발전이 구조적으로 남아도는 상태이다. 만약 이런 상황을 억제하지 않는다면 대규모 VRE 발전 차단으로 이어질 것이고 추가 VRE 확장에 제약이 발생할 것이다. 이 시점에서 VRE를 추가로 확대하려면 다른 최종 소비 부문의 전기화와 난방 및 수송 분야의 전기화가 필요하다. 난방 및 수송 분야 전기화가 가장 가능성 있는 대안이 될 것으로 예상된다. VRE 보급 6단계는 VRE 공급과 전력 수요 사이의 계절적 불균형으로 인한 구조적 에너지 부족이 수일에서 수 주까지 상당 기간 발생하게 된다. 이 경우 단기 유연성 자원인 수요자원 또는 전력 저장으로는 감당하지 못할 가능성이 크다. 따라서 궁극적으로 VRE가 전력 계통에서 핵심 자원이 되기 위해서는 P2G(Power to Gas) 등이 필요하다고 할 수 있다.

P2G는 전력을 인공 천연가스나 수소의 형태와 같이 규모에 따라 비용 효율적인 저장이 가능한 화학적 형태로 변환하는 것을 의미한다. 이때 위도 차이는 큰 영향을 미친다. 보다 낮은 위도에서는 전력 수요나 태양광 출력에서 계절적 편차가 거의 없으므로 계절 간 저장 필요성이 적거나 없다. 반면 높은 위도에서는 상호 보완적인 풍력 및 태양광의 조합으로 서로 계절적 차이를 관리하는 데 도움이 될 수 있다. 이 지역에서 난방을 전기화한다면 동계 최대 전력 수요가 하계 최대 전력 수요보다 몇 배 더 클 수 있으며 계절 간 저장 필요성이 증가하게 된다.

VRE 보급 단계별 계통 운영 당국의 대응

단계	VRE 발전량	계통영향	과제
1	0~3%	• 재생E의 계통영향이 거의 없는 상황 • 접속점 근처 국지적 계통에 영향	• Grid Code에 추가사항 고려 • 국지적 계통영향 검토
2	3~15%	• 재생E 용량이 계통운영 영향을 주는 상황 • 재생E 수용을 위해 계통운영 패턴의 변화	• 계통혼잡관리·Grid Code 개정 • 출력 예측시스템 필요성 고민
3	15~25%	• 높은 불확실성과 변동성으로 유연성 자원 중요 • 큰 Net load 변동 및 빈번한 역조류	• 출력 예측시스템 • 유연성 자원의 확대 중요
4	25~50%	• 재생E가 100% 부하 담당하는 시간 발생 • 계통안정도에 영향을 미치는 상황 • 넓은 범위의 계통 보강, 외란 회복능력 강화 요구	• 계통 Inertia가 최우선 과제 • 재생E의 Reliability 기여
5	-	• 잉여 전력 및 대규모 출력 제한 발생	• 부하의 Electrification (열·운송수단)
6	-	• 계절에 따라 수급 부족 현상 발생 • 저장 장치·수요 반응 대응 가능량 초과	• 전력의 변환·저장기술 (Gas·수소)

* 한전 남서울본부 강의자료

  이처럼 자연의 무한한 에너지를 이용하는 재생에너지가 대규모로 보급됨에 따라 한국의 전력 수요 곡선에도 변화가 생겼다. 특히 발전이 낮에 국한된 태양광발전의 경우 덕 커브(Duck-Curve) 현상이 나타났는데, 전력 수요 곡선에도 이 현상이 발현하는 동시에 최대 전력(전력 피크)의 시간까지 옮겨지는 현상이 나타났다.

한국 태양광발전의 유형은 전력 시장 참여, 한전 PPA, 자가용 발전 형태 등으로 구분된다. 산업부에 따르면 2021년 8월 기준 전력거래소가 개설한 전력 시장에 참여하는 태양광발전은 5.1GW, 한전과 PPA 계약을 맺고 발전된 전기를 한전에 판매하는 태양광발전은 11.5GW, 그리고 자가용 태양광발전은 3.7GW인 것으로 추산되었다.

한전 PPA, 자가용 태양광발전은 여름철 전력 소비가 집중되는 14~15시의 실제 총 수요를 상쇄하였다. 이에 따라 전력 시장에서 여름철 전력 피크 시간을 보면 2010~2016년에는 14~15시였으나 2017년 이후에는 16~17시로 이동하였다.

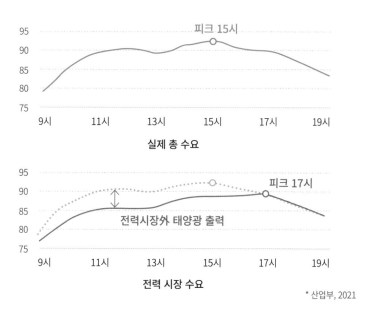

태양광 확대에 따른 전력 수요 곡선의 변화

* 산업부, 2021

또 전력 시장 외 태양광(한전 PPA·자가용) 발전량을 추계한 결과 7월 중 기온이 높은 실제 피크 시간인 14~15시의 태양광발전 비중이 총 수요의 약 11%를 기록한 것으로 추산되었다.[7] 따라서 산업부와 전력거래소는 현재 전력 시장에서 계측되고 있는 피크 시간인 16~17시의 태양광발전 비중은 약 1.7%이지만, 전력 시장 외 한전 PPA·자가용 태양광발전까지 포함한다면 실제 피크 시간인 14~15시의 태양광발전 비중은 약 11.1%라고 추산하였다.

문재인 대통령은 기존 통계에 잡히지 않는 '숨어 있는 태양광발전량'을 찾아내라고 지시하였고 한국에너지공단은 이에 따라 2021년 11월 발간한 「신재생에너지 보급 통계」에 이를 반영하여 새롭게 발표하였다.

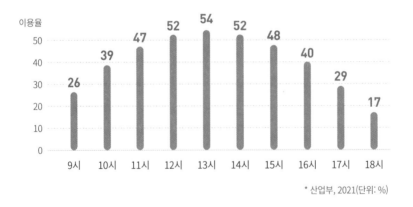

전력 시장 참여 태양광발전의 시간대별 이용율(7월 기준, 주말 제외)

* 산업부, 2021(단위: %)

태양광 평균 발전량 및 총 수요(7월 기준, 주말 제외)

		14~15시	16~17시
전력 시장 內 (전력 시장 참여)	수요	83,479	85,236
	발전량	2,433	1,488
	비중	2.9%	1.7%
전력 시장 內+外 (전력 시장 참여 +한전PPA+자가용)	수요	91,164	89,849
	발전량	10,118	6,102
	비중	11.1%	6.8%

* 산업부, 2021(단위: MW)

태양광발전의 시간대별 평균 발전량(7월 기준, 주말 제외)

9시	1,349 / 4,269
10시	1,978 / 6,242
11시	2,398 / 7,653
12시	2,645 / 8,428
13시	2,743 / 8,751
14시	2,666 / 8,485
15시	2,433 / 7,685
16시	2,039 / 6,382
17시	1,488 / 4,614
18시	880 / 2,662

● 전력시장內   ● 전력시장外

* 산업부, 2021(단위: MW)

2050 탄소중립위원회는 이러한 상황에 대비하여 크게 여섯 가지의 정책 제안을 하고 있다.

첫 번째는 탄소 비용을 가격에 반영하여 탄소중립 에너지 전환을 가속화하는 일이다. 배출권거래제의 유상할당 비율을 높이고 이미 도입된 환경 급전을 통하여 시장 메커니즘을 이용한 발전 부문 탄소중립을 추진한다는 내용이다. 다만 전기요금 등 공공요금의 인상 정도, 그리고 물가 및 국민 경제에 미치는 영향도 고려해야 한다.

두 번째 제안은 재생에너지의 이용을 확대하고 수용성을 강화하는 것이다. 주 내용은 원스톱 서비스를 도입하고 재생에너지의 잠재량을 확대하기 위하여 환경, 산림, 농지 등 국토 이용 관련 규제를 혁신하며 전력망에 대한 선제적, 계획적 투자를 확대하는 것이다. 또 마을 태양광 등 주민 주도 사업을 발굴·지원하고 주민 참여형 재생에너지 사업을 통하여 이익 공유를 활성화한다.

세 번째 제안은 재생에너지 중심 전력 공급 체계의 안정성을 확보한다는 내용이다. 전력망을 안정적으로 운영하기 위하여 유연성 자원을 확충하고 잉여 재생에너지의 저장 및 제어를 위한 다양한 저장 장치를 확대한다. 또한 실시간 시장, 보조서비스 시장 도입 등 전력 시장을 전면 개편하고 전력 산업 구조 혁신 및 전문 규제 기관을 설립한다.

네 번째 제안은 화석연료발전을 계획적으로 전환하는 방안을 마련하는 일이다. 화석연료발전의 급격한 중단으로 인하여 겪는 지역 사회 및 시장 피해를 최소화하기 위하여 사회적 논의를 통하여 화석연료발전의 중단 시점 및 지원 방안을 마련한다. 그리고 새로운 화석연료 발전기를 도입할 때는 수소·암모니아 등 무탄소 연료의 혼소 및 전소 여부를 검토한다.

다섯 번째 제안은 R&D 확대를 통하여 탄소중립 비용을 감축하고 미래 기술을 상용화하는 것이다. 즉 태양광, 풍력 등 재생에너지 발전원의 효율을 높이고 차세대 기술과 해양에너지 등 신규 발전원의 조기 상용화를 추진하는 것이 골자다. 또한 수소 터빈, 암모니아 발전 등 무탄소 신전원의 상용화 지원을 강화한다는 내용이다.

여섯 번째 제안은 전 국민적 참여를 통하여 전력 수요의 감축을 유도하는 것이다. 이를 위해 일상생활에서 전기를 절약하도록 생활 방식을 근본적으로 혁신하고 기후 위기 극복을 위한 변화에 동참하도록 적극 유도한다. 특히 전력 수요 최대 시간대에는 건물, 수송, 산업 등 모든 분야에서 전력 수요를 감축·분산할 수 있도록 가격 신호를 비롯한 다양한 방안을 마련하여 새로운 상황에 대처한다.

2050 탄소중립위원회의 이러한 정책 제안은 2050 탄소중립안이 발표된 시점에서 찬반 논란을 불러일으키고 있다. 하지만 기후 변화가 인류의 삶에 직접적으로 피해를 주는 상황에서 찬반 논란보다는 전 국민적인 차원에서 당위성을 공유하고 실천력을 배양할 필요가 있다고 판단된다.

2030 NDC
상향 계획 수립

2021년 8월에 발표된 IPCC 「제6차 평가보고서」는 향후 몇십 년 안에 이산화탄소와 기타 온실가스에 대한 적극적인 감축이 이뤄지지 않는다면 21세기 내에 지구 평균 기온 상승 폭은 2℃를 넘어설 것이라고 경고하였다. 이에 주요 국가들은 기준 연도 대비 2020년 이후의 국가 온실가스 감축 목표(Nationally Determined Contribution, NDC)를 상향 조정하였다.

한국 정부도 이러한 기후 위기의 심각성과 국제 사회 구성원으로서의 역할 등을 종합적으로 고려하여 2020년 10월에 있었던 2050 탄소중립 선언의 후속 조치로서 NDC 상향 계획을 수립하였다. 따라서 2021년 10월 18일 채택된 2030 NDC는 2050 탄소중립의 중간 목표라고 할 수 있다.

2030 NDC 상향안은 2018년 기준 7억 2,760만 톤인 온실가스 배출

량을 2030년 4억 3,660만 톤으로 40% 줄이는 것을 목표로 한다. 한국 NDC 상향안의 연평균 감축률은 4.17%로 주요국인 EU 1.98%, 미국 2.81%, 영국 2.81%, 일본 3.56%에 비해 높은 편이다.

2030 NDC 상향안의 주요 감축 방안을 부문별로 살펴보자. 먼저 전환(발전) 부문의 온실가스 배출량은 2018년 2억 6,960만 톤에서 2030년 1억 4,990만 톤으로 44.4% 감소한다. 전력 수요 증가와 송배전 손실 등을 고려한 필요 발전량은 612.4TWh로 추산되었다. 전력 공급은 석탄 발전 축소, 신재생에너지발전 확대, 암모니아발전과 같은 추가 무탄소 전원을 활용한다. 특징적인 것은 암모니아발전이 에너지 믹스에 새롭게 포함되었다는 점인데, 2050 탄소중립위에 따르면 암모니아는 석탄발전 혼소에 사용될 전망이다.

2030 NDC 상향안에 수록된 에너지 믹스

	원자력	석탄	LNG	신재생	암모니아	양수·기타	합계
발전량	146.4	133.2	119.5	185.2	22.1	6.0	612.4
비중(%)	23.9	21.8	19.5	30.2	3.6	1.0	100.0

* (단위: TWh)

산업 부문은 온실가스 배출량을 2018년 2억 6,050만 톤에서 2030년 2억 2,260만 톤으로 14.5%를 줄여야 한다. 특히 철강은 수소환원제철을 활용한 전기로 제강으로 전환하여 연간 300만 톤의 온실가스 감축을 목표로 설정하였다.

건물 부문의 경우는 2018년 5,210만 톤에서 2030년 3,500만 톤으로 32.8%를 줄여야 한다. 이때 에너지 효율 향상과 청정에너지가 중요하게 사용된다. 냉난방 및 급탕 시에는 태양열, 지열 등의 신재생에너지를 활용한다.

수송 부문에서는 2018년 9,810만 톤에서 2030년 6,100만 톤으로 37.8%를 감축한다. 기존에 소개된 전기차, 수소차, 하이브리드차 외에 바이오디젤, 친환경 선박, 해운 에너지 효율 개선, 항공기 운영 효율 개선 등이 그 수단이 된다.

농축수산 부문은 2018년 2,470만 톤에서 2030년 1,800만 톤으로 27.1%를 감축하게 된다. 수단으로는 질소질 비료 사용 저감, 가축 분뇨 에너지 정화, 저메탄 사료 보급, 농기계 연료 전환 등이 있다.

폐기물 부문에서는 온실가스 배출량을 2018년 1,710만 톤에서 2030년 910만 톤으로 46.8%가량 줄인다.

수소 부문은 유일하게 온실가스 배출이 허용되는 분야이며, 2030년에는 760만 톤의 수소를 배출할 전망이다. 2030년에 천연가스를 개질하는 추출 수소를 77만 톤 사용하게 되는데, 여기서 755만 톤의 온실가스 배출이 예상되고 있다.

흡수원에는 산림과 해양이 있는데, 2030년에는 2,670만 톤을 흡수할 전망이며 CCUS의 경우는 1,030만 톤을 저장·활용한다. 또한 국외감축을 1,620만 톤에서 3,350만 톤으로 높였다.

2030 수소 공급 전망

	수전해	추출	부생·해외수입	합계
공급량	0.24	0.77	0.92	1.94
공급 비율	12.9%	39.7%	47.4%	100%
온실가스 배출량	0	7.55	0	7.55

* (단위: 백만 톤H2)

NDC 상향안 모식도

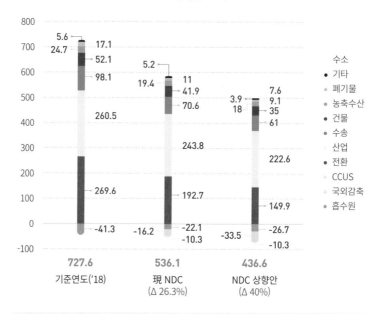

* 직접배출량 기준
* 기준연도('18) 배출량은 총배출량, '30년 배출량은 순배출량(총배출량—흡수·제거량)

* (단위: 백만 톤CO2-eq)

/ 4장 /

한국 재생에너지발전의
길을 묻다

한국 재생에너지발전의
도전 과제

재생에너지는 지금까지 살펴본 것처럼 시대적인 필요성은 물론 다양한 측면에서 많은 장점을 가지고 있다. 반면 몇 가지 단점도 지적되고 있는데, 재생에너지 자체를 볼 때 가장 큰 단점은 간헐성과 변동성이다. 기상 상황에 따라 발전량이 달라지고 태양광발전의 경우 낮 동안에만 발전이 가능하다는 현실은 다양한 보완책 개발을 필요로 한다. 정부가 태양광발전이 가장 많은 호남지방에 대규모 해상풍력발전단지를 조성하려는 이유도 여기에 있다. 해상풍력이 밤 시간 동안 발전량이 많아 낮 시간 동안 발전하는 태양광발전을 보완할 수 있다고 분석되었기 때문이다.

단점을 보완하는 장치로는 에너지저장장치(ESS)가 있으며 P2G(수소, 암모니아, LOHC)와 P2H(Power to Heat) 기술 개발도 이루어지고 있다. ESS의 경우 하루 동안 태양광발전이 생산한 전력을 오후와 저녁 시간으로 분산하여 태양광발전이 기저부하에 영향을 주는 정도를 절감하는 효과를 가진다. 또한 재생에너지 전력을 수소로 바꿀 경우 몇 달 후 전력으로 전환하여 재사용할 수 있다. 가령 풍력발전의 경우 과잉 생산된 전력을 수소로 전환했다가 다른 날에 전력으로 재변환하여 사용할 수 있다.

간헐성과 변동성의 문제는 재생에너지를 발전 측면에서만 바라본 좁은 시각이다. 재생에너지의 생산, 저장, 공급, 유통, 소비를 시스템 관점에서 바라본다면 오히려 재생에너지의 단점은 새로운 기술과 산업의 성장을 위한 기회가 된다는 것을 알 수 있다. 실제로 ESS는 한국이 세계 수위권의 생산 및 공급량을 기록하고 있다. 이른바 'K-Battery'를 통하여 이차전지산업이라는 신규 사업이 잉태되었으며 국내 굴지의 기업이 영위하는 사업으로 발전하였다. 기상 데이터와 다년간의 재생에너지 발전량을 딥러닝(Deep Learning)하여 재생에너지 발전량을 예측하는 기술도 최근 상용화 단계에 접어들었다. 이렇게 재생에너지의 단점은 새로운 사업 기회로 승화되고 있다.

외부적으로 볼 때 재생에너지 확산의 가장 큰 걸림돌은 주민 수용성이다. 주민 수용성 문제는 비단 재생에너지만의 문제가 아니지만 재생에너지 확산에 있어 '도농 갈등'까지 비화될 조짐을 보이고 있어서 주목된다. 특히 영농형 태양광발전의 경우 농민의 소득 증대와 국토의 효율적 사용에 도움이 됨에도 불구하고 일부 농민 단체의 반대로 진척이 쉽지 않다.

실제로 현행 전력요금 체계에서 영농형 태양광 판매로 얻는 수익은 벼농사 수입의 8배에 달한다. 전남 보성농협조합은 농지 650평에

99.7kW급 영농형 태양광발전을 1억 9,600만 원을 들여 설치하여 연간 전력 수입 1,276만 원, 벼농사 수입 141만 원을 거두었다고 밝혔다. 이러한 장점 때문에 일부 국회의원들이 관련 입법안을 내놓고 있지만 일부 농민단체의 반대로 통과가 난망하다.

영농형 태양광을 포함한 농지 태양광을 반대하는 주장은 세 가지 정도로 요약된다. 먼저 식량을 생산하는 농지를 태양광발전 용도로 전용하면 식량 자급률이 낮아질 것이라는 우려다. 현행법상 태양광발전사업이 가능한 염해 농지도 사실 일반 농지와 소출 측면에서 구별되지 않기 때문에 정상적인 식량 생산이 가능한 농지가 염해지로 둔갑된다는 것이다. 두 번째는 수도권 등 전력 다소비처의 전력은 현지에서 조달해야 합당하다는 주장이다. 마지막으로 대다수의 농민이 임차농이기 때문에 태양광발전이 들어설 경우 발전 수익이 지주에게만 돌아간다는 것이다. 태양광발전단지로의 농지 전용은 임대농을 제외한 채 지주의 입장만을 고려한 측면이 많다. 하지만 제도적 개선 노력이 진행되고 있기 때문에 농지 태양광을 반대할 근거가 되지 않는다. 특히 영농형 태양광은 농업과 전력 수입 둘 다 잡을 수 있으므로 농업인 복지를 위해서도 포기할 수 없는 과제이다.

세계적 변화를 이끌어갈
새로운 기회

이번에는 한국 재생에너지발전의 성장을 기대할 수 있는 몇 가지 특징과 장점을 알아보자. 가장 두드러진 특징은 에너지 믹스상 원자력발전이나 석탄발전과 달리 무연료·무탄소·무방사능이라는 점이다. 재생에너지발전을 위하여 연료를 수입할 필요도 없고 폐기물 처리장을 따로 가질 필요가 없다. '제조 강국 한국'이라는 구호에 걸맞게 태양광 모듈, 구조물, 풍력 터빈, 풍력탑, 블레이드 등 공급망(Supply Chain)도 잘 갖춰져 있다. 따라서 최신 기술이 적용된 태양광 모듈을 자체적으로 생산할 수 있으며 발전사업자들은 이를 활용하여 초기 투자 비용을 절감하고 있다.

가령 국산 태양광 모듈의 경우 가격이 2018년 와트당 400원이었으나 2019년 말 와트당 350원으로 떨어졌고 2021년 초 와트당 300원까지 떨어졌다.[8] 단위면적당 발전 효율도 높아져 1MW 태양광발전소를 건설하는 데 필요한 토지 면적이 4,500평이었으나 최근에는 3,500평으로 낮아졌다. 향후 HJT(Hetero Junction Technology), 텐덤 방식의 태양전지가 등장하면 와트피크당 가격과 태양광발전소 설치를 위한 토지 면적은 더욱 줄어들 전망이다.

제도 측면에서도 한국의 재생에너지발전은 호기를 맞고 있다. 최근 발전사업자들은 신재생에너지발전 의무공급자가 되어 한전의 발전 자회사와 계약을 맺고 전력과 공급인증서를 판매하고 있다. 한전의 발전 자회사의 의무공급 비율이 2026년 25%에 달하고 연도별로 계속 증가하고 있어 재생에너지 발전사업자들에게는 기회가 되고 있다.

또한 유럽과 미국이 탄소국경조정제도를 설정하려는 움직임과 탄소배출권 가격의 상승세, RE100 운동의 활성화도 한국의 재생에너지 발전사업자들에게는 호기다. 대외 무역에서 손실을 보지 않으려면 제조 과정과 에너지 사용이 무탄소 내지 저탄소 공정이어야 하기 때문이다. 수소환원제철을 예로 들면 환원제로서 그린수소 혹은 블루수소만 필요한 것이 아니라 전기로를 가동하는데 대규모 재생에너지 혹은 수소 전소 터빈이 필요하다. 그린수소는 재생에너지로만 생산할 수 있기 때문에 원료와 전력 생산 측면에서 재생에너지발전의 역할이 강조되고 있다.

특히 2050 탄소중립 목표가 설정되고 2030 NDC 상향안이 발표되는 등 한국 사회도 국제적인 기후 변화 대응과 온실가스 감축 움직임에 대응하고 있다. 이 역시 무탄소가 특징인 재생에너지 발전사업자들에게 더 많은 기회로 작용한다. 단기적으로는 국제 유가 및 천연가스 가격 상승은 연료 공급이 별도로 필요 없는 재생에너지발전에 우호적인 환경을 조성해준다. 동시에 국제 연료 비용 상승은 계통한계가격(SMP) 상승에 영향을 미쳐 재생에너지 발전사업자들의 수익성을 개선해주고 있다. 또한 후쿠시마 원전 사태 이후 증강되고 있는 원자력발전에 대한 비판적인 시각 역시 재생에너지의 청정성을 더욱 부각시키고 있다.

이제 중앙집중식 발전 및 전력 공급 방식에서 벗어나 수요자가 재생에너지 전력을 직접 구입할 수 있고 배전망운영사업자(DSO)의 등장이 예고되면서 분산에너지 시스템을 염두에 둔 제도 개편이 준비되고 있다. 전력거래소의 경우 ESS 등 보조서비스 시장의 성장을 고려한 전력 시장 개편안을 마련 중이다. 필요한 청정 전력을 재생에너지를 통하여 구입하는 시대가 한국에서도 열리고 있다.

이는 분명 재생에너지 발전사업자에게는 기회가 될 것이다. 재생에너지 발전사업자가 중요하게 생각하는 경영 지표는 투자 대비 매출 및 영업이익으로 흔히 P-IRR, E-IRR로 표현된다. 새로운 제도를 도입하면서 정부가 도입 비용을 보전하고 있기 때문에 재생에너지 발전사업자는 초기 시장에 진출한 혜택의 수혜자가 될 수 있다. 호남 지역에 재생에너지발전이 편중되자 수도권으로 전력을 공급하는 계통 계획을 수립한 '제9차 중장기 송변전설비계획'이나 ESS 도입 초기에 정부가 설정한 REC 가중치 5.0은 투자 대비 수익성을 높임으로써 재생에너지 발전사업자에게는 마중물 역할을 하였다.

정보통신기술(ICT) 개발에 따라 대규모 데이터센터의 필요성이 강조되는 현실도 재생에너지 발전사업자들에게는 기회다. 데이터센터는 많은 양의 전력이 지속적으로 필요하기 때문에 재생에너지 발전사업자는 연료비가 없다는 장점을 내세워 공략할 수 있다. 이미 국내외 데이터센터 사업자가 재생에너지가 집적된 호남 지역의 재생에너지 발전 설비를 대상으로 전력 구입 계약을 맺고 있다.

또한 대규모 계통에 대한 투자가 무한히 지속되지 않을 것이라는 사실도 재생에너지 발전사업자들에게 청신호가 되고 있다. 호남의 재생에너지 전력을 수도권으로 끌어올리는 데 필요한 계통량이 기존의 3배라는 분석이 있다. 이러한 사실은 분산에너지 확산의 동기가 되고 있으며 직접 PPA 제도 등을 활용하여 재생에너지 발전사업자들이 인근 수요처에 직접 전력을 공급하는 시대를 예고하고 있다.

이처럼 재생에너지는 관련 사업자들에게 또 다른 기회를 제시해주고 있다. 이제 다음 장에서는 한국의 재생에너지발전 제도와 정책을 좀 더 세세하게 살펴보면서 재생에너지가 나아갈 방향을 확인하도록 하겠다.

연도별 RPS 의무공급비율 신구 대조표

현행			개정안	
해당 연도	비율(%)		해당 연도	비율(%)
2012년	2.0		2012년	2.0
2013년	2.5		2013년	2.5
2014년	3.0		2014년	3.0
2015년	3.0		2015년	3.0
2016년	3.5		2016년	3.5
2017년	4.0		2017년	4.0
2018년	5.0		2018년	5.0
2019년	6.0		2019년	6.0
2020년	7.0		2020년	7.0
2021년	9.0		2021년	9.0
2022년	10.0		2022년	12.5
2023년 이후	10.0		2023년	14.5
			2024년	17.0
			2025년	20.5
			2026년	25.0
			2027년 이후	25.0

II

시대의 변화를 주도하는
한국의 재생에너지

5장

신재생에너지 집적화단지에
눈을 돌리다

집적화단지 제도를 활용한
사업 개발

지금부터는 한국 재생에너지발전의 제도와 정책에 대해 집중적으로 알아보는 시간을 갖도록 하자. 먼저 살펴볼 것은 2020년 11월 11일에 도입된 신재생에너지 집적화단지 제도(이하 '집적화단지 제도')이다. 이 제도의 목적은 지자체가 민관협의회를 통하여 신재생에너지 발전사업의 계획 단계에서부터 주민 수용성을 확보하고 난개발을 방지하는 데 있다.[9] 집적화단지 제도는 기본적으로 신재생에너지 공급의무화제도(Renewable Energy Portfolio Standard, RPS)에 참여하는 설비가 대상이다.

신재생에너지 발전사업자는 집적화단지 내에 40MW 초과의 신재생에너지발전사업 1개 이상을 시행할 수 있다. 설치할 수 있는 시설은 발전 설비나 케이블 등의 신재생에너지 발전 시설, 변전소 등의 변전 시설, 모니터링센터 등의 운영 시설 및 부대 시설, 기타 장관이 필요하다고 인정하는 시설이다. 집적화단지 제도를 통하여 개발 가능한 신재생에너지는 수소에너지, 연료전지, 석탄 액화·가스화 및 중질잔사유 가스화 등 신에너지 3종, 그리고 태양광, 태양열, 풍력, 수력, 해양, 지열, 바이오, 폐기물 등 8종이다. 지자체에 집적화단지를 신청할 수 있는 주체는 집적화단지 제도를 활용하여 신재생에너지 발전사업을 구상하는 사업자, 공기업, 공공기관 등이다.

실시 기관인 지자체는 필요할 경우 유관 공기업과 협의를 진행할 수 있다. 가령 대규모 태양광발전소를 건설할 경우 농어촌공사 소유의 토지가 필요하다면 농어촌공사와 협의할 수 있다. 지자체는 민관협의회를 구성하여 신재생에너지 발전사업을 논의하는데, 민관협의회에는 주민 대표 등 이해관계자와 중앙행정기관, 지자체 등 20인 내외가 참여한다. 동시에 지자체는 필요한 경우 환경부에 환경 입지 컨설팅을 신청할 수 있다. 예를 들어 대규모 수상태양광발전소 건설을 추진할 경우 해당 입지가 생태 1등급 지역 등의 사업 제한 구역에 해당하지 않는지 여부를 검토할 필요가 있다.

민관협의회와의 협의와 환경부의 검토를 마친 후에 지자체는 사업계획을 공고하고 지역 주민 30인 이상이 참여하는 공청회를 개최하여 주민의 의견을 다시 한번 듣는다. 그리고 이때 나온 의견을 민관협의회와의 협의 결과에 반영하여 산업부에 집적화단지 지정을 신청한다.

최종적으로는 집적화단지 지정 신청 기관인 산업부가 사업계획을 평가한다. 한국에너지공단은 사업계획 평가를 위탁받아 통보하는 역할을 수행하며 한국에너지공단 산하에 평가위원회가 구성된다. 이제 산업부가 최종적으로 집적화단지를 지정, 공고하면 지자체는 사업자를 선정하여 사업을 추진하게 된다.

신재생에너지 집적화단지 제도 추진 과정

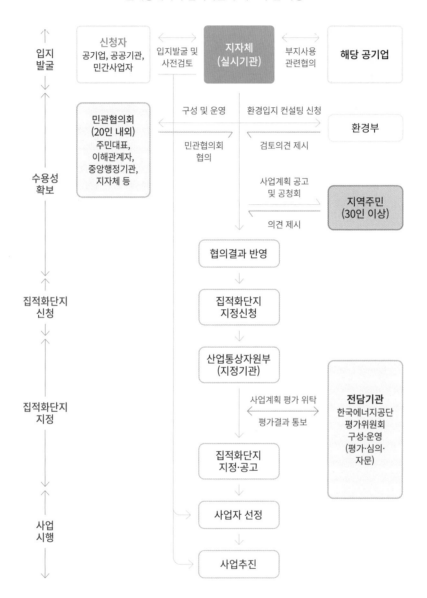

입지
발굴

| 신청자
공기업, 공공기관,
민간사업자 | 입지발굴 및
사전검토 | 지자체
(실시기관) | 부지사용
관련협의 | 해당 공기업 |

수용성
확보

| 민관협의회
(20인 내외)
주민대표,
이해관계자,
중앙행정기관,
지자체 등 | 구성 및 운영
민관협의회
협의 | 환경입지 컨설팅 신청
검토의견 제시 | 환경부 |

사업계획 공고
및 공청회

지역주민
(30인 이상)

의견 제시

협의결과 반영

집적화단지
신청

집적화단지
지정신청

집적화단지
지정

산업통상자원부
(지정기관)

사업계획 평가 위탁

평가결과 통보

전담기관
한국에너지공단
평가위원회
구성·운영
(평가·심의·
자문)

집적화단지
지정·공고

사업
시행

사업자 선정

사업추진

집적화단지 제도의
쟁점

집적화단지 제도에서 주목할 점은 크게 네 가지이다.

첫 번째는 이 제도가 지자체에 주도권을 부여했다는 점이다.

두 번째는 민관협의회를 구성하여 주민 수용성 확보를 위한 논의를 진행하여야 한다는 것이다. 최근 신재생에너지에 대한 주민 저항이 증가하고 있는데, 이에 대해 사업자는 지자체가 구성하는 민관협의회를 통하여 주민 수용성을 확보할 수 있다.

세 번째는 지자체가 집적화단지 지정을 신청하면 산업부가 지정을 한다는 점이다. 집적화단지 제도를 활용하면 사업자는 산업부가 부여하는 지자체 주도형 REC 추가 가중치를 최대 0.1까지, 주민 참여형 REC 추가 가중치는 최대 0.2까지 받을 수 있다. 평지에 건설하는 대규모 태양광발전소(3MW 초과)의 경우 가중치 0.8을 받게 되는데, 집적화단지 제도를 활용하면 0.1~0.2를 추가로 받아 0.9~1.0의 가중치를 받게 된다.

네 번째는 지자체는 집적화단지 사업자를 수의 계약[10]을 통하여 선정할 수 있지만 동시에 공모 등을 통해서도 선정이 가능하다는 점이다. 따라서 사업자가 사업 개발 아이디어를 제시하고 사업 실현을 위하여 재원을 투입하여도 최종 낙점을 받지 못할 수도 있다. 즉 지자체가 사업 개발 아이디어를 제시한 사업자에게 보상 차원에서 유리한 내용의 수의 계약이나 공모 내용을 마련했더라도 집적화단지 지정 기관인 산업부와 지자체 간 REC를 발급받는 협의에서 재생에너지 발전사업자에게 불리한 내용이 제시될 수도 있다는 점에 유의해야 한다.

물론 자기 소유의 토지에 집적화단지 제도를 활용하여 40MW 초과 재생에너지 발전소를 건설할 이유는 없다. 지자체에게 사업주도권을 내주고 복잡다단한 민관협의회의 의사 결정 과정을 감수하는 일은 분명 재생에너지 발전사업자에게 난제이기 때문이다. 그러나 REC 가격이 낮게 형성된 현실에서 추가 가중치를 획득할 수 있다는 점은 재생에너지 발전사업 추진에 동력으로 작용하기 때문에 집적화단지 제도를 활용하려는 시도는 꾸준히 계속될 전망이다.

실제로 산업부는 2021년 12월 15일 신재생에너지 집접화단지 첫 사례를 발표했다. 선정된 사업은 전북 서남권 해상풍력(2.4GW), 경북 안동시 임하댐 수상태양광(45MW) 등 두 곳이다.

집적화단지 고시 제정안 주요 내용

단계	주요 내용
입지발굴 입지요건 (제4조)	• **입지발굴** 실시기관(지자체)이 자체 발굴 또는 공기업·공공기관·민간사업자 등의 신청을 받아 후보지역 발굴 가능 • **입지요건** 태양광·풍력 등 적합한 자원 보유, 전원(電源) 개발 행위 및 부지·기반 시설 조성 가능, 주민 수용성 확보 및 환경친화적 조성, 신재생에너지 산업 생태계 강화에 기여 등 • **용량기준** 발전 용량 40MW 초과

주민 수용성 확보 (제5~6조)	• **민관협의회** 구성원 및 협의사항 규정, 민관협의회 협의 결과를 개발 계획에 반영
	  - 구성: 주민대표 등 이해관계자, 중앙행정기관, 지자체, 전담기관, 전문가 등 20인 내외
	  - 협의사항: 입지 후보지역, 이익 공유 등 상생 방안, 농림·해양환경·산림보호 등 환경 관련 사항 등
	• **의견청취** 일간신문 1회 이상 공고, 홈페이지 14일 이상 게시, 주민 등 30인 이상 공청회 등 설명회 개최

사업계획 수립·집적화단지 신청 (제7~8조)	• **계획수립** 지차체가 수립하는 사업계획 포함 사항 규정
	  - 집적화단지 명칭·위치·면적, 지자체 역할 및 이행계획, 인허가 추진계획, 계통 연계방안, 수용성·환경성 확보계획, 주민 이익 공유 계획 등
	• **지정신청** 집적화단지 지정신청 전 완료해야 하는 사항 규정
	  - 민관협의회 협의, 주민·관계전문가 의견청취, 광역·기초지자체 협의, 사전입지 컨설팅

평가 (제9조, 12조)	• **평가기간** 전담기관(한국에너지공단)은 60일내 평가, 20일에 한해 검토기한 연장 가능(평가결과에 대한 지자체 이의신청은 10일 이내 가능) • **평가위원회** 관련분야 산·학·연 등 20인 내외 평가위원단 구성(간사: 한국에너지공단) → 위원단 중 10인 이내로 평가위원회 구성 • **평가방법** 최고·최저점수 제외 산술평가(소수점 두 번째 자리 반올림), 최종평가 80점 이상인 사업계획을 신재생에너지 정책심의회에 상정
지정·해제 이행확인 (제14조, 16~17조)	• **지정** 산업부는 집적화단지 평가결과를 심의회 심의를 거쳐 지정, 공고 지자체는 사업시행자를 공모 등 통해 선정 가능 • **해제** 지정일로부터 3년 내 발전사업 미허가, 전촉법 실시계획 승인 후 2년 이내 단지개발 미착수 등의 경우 심의회 심의를 거쳐 지정해제 가능 • **이행확인** 매년 이행현황 및 추진계획 확인, 점검

* 산업부, 2020

6장

신재생에너지 공급의무화제도(RPS)의
묘를 살리다

신재생에너지 공급을
의무로 하다

신재생에너지 공급의무화제도(RPS)는 신재생에너지 설비를 제외한 설비 규모 500MW 이상의 발전사업자 및 한국수자원공사, 한국지역난방공사에게 총발전량의 일정 비율 이상을 신재생에너지로 공급하도록 의무화하는 제도이다. 이는 신재생에너지 보급 확대 및 관련 산업 육성, 재정 부담 완화를 위하여 발전차액지원제도를 종료하고 2012년에 도입되었다.

RPS 공급의무자의 연도별 이행 의무 비율은 2012년 2%를 시작으로 2013년 2.5%를 기록하였다. 이후 2014년 3%부터 2020년 7%까지 매년 1% 증가하였고 2021년에 9%, 2022년에는 10%로 상향 조정[11]되었다.

김성환 국회의원은 2021년 6월 21일 RPS 의무공급량[12]을 전력 총생산량의 10% 범위 이내에서 25%로 상향 조정하는 '신재생에너지법' 일부 개정안을 발의하여 국회 본회의에서 통과시켰다. 법안에는 담겨 있지 않지만 2030년에 RPS 의무공급량이 25%가 되도록 산업부와 협의 후 통과시킨 것으로 알려졌다. 이후 2021년 12월 산업부는 RPS 의무공급 비율을 2022년 12.5%에서 2025년 20.5%로 늘리고 2026년까지 25%로 상향 조정하는 내용을 골자로 하는 '신재생에너지법 시행령' 개정안을 고시하였다.

연도별 의무비율 입법예고안(시행령 별표3)

연도	2022년	2023년	2024년	2025년	2026년 이후
의무비율	12.5%	14.5%	17.0%	20.5%	25.0%

RPS 의무공급량 변화 추이를 살펴볼 때 주목할 것은 2019년까지 의무공급량을 표시하는 단위는 전력량(MWh) 하나뿐이었으나 2020년부터 MWh와 REC로 구별하기 시작하였다는 점이다.[13]

REC(Renewable Energy Certificate)는 신재생에너지 공급인증서(이하 '공급인증서')의 발급 및 거래 단위이다. 즉 공급인증서 발급 대상 설비에서 공급된 MWh 기준의 신재생에너지 전력량에 대하여 가중치를 곱하여 부여한다.[14] 이는 RPS 시장의 REC와 전력량이 일치하지 않은 현실을 보정하기 위해서 사용된다. RPS 공급의무자들과 태양광 판매사업자들은 잉여 REC로 인한 공급인증서 가격 하락을 경험하였다. 공급인증서란 신재생에너지 설비를 이용하여 에너지를 공급하였음을 증명하는 인증서를 말한다.[15]

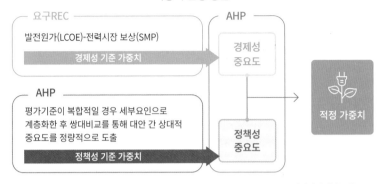

가중치 산정 방법

* 에너지경제연구원, 2021

    산업부는 에너지원별로 REC 가중치를 다르게 부여하고 있으며 가중치는 3년마다 개정할 수 있다.[16] '신재생에너지법 시행령[17]'에서는 가중치를 결정할 때의 고려 요인을 경제성과 정책성으로 구분한다. 먼저 경제성을 고려하기 위하여 요구 REC를 정량 분석하여 경제성 기준 가중치를 도출한다. 또한 정책성을 고려하기 위해서는 계층분석법(Analytic Hierarchy Process, AHP)[18]을 통하여 평가 및 정량화 과정을 거쳐서 정책성 기준 가중치를 도출한다. 이렇게 도출된 경제성 기준 가중치와 정책성 기준 가중치를 중요도에 따라 가중 평균하여 가중치를 산정하게 된다.

    실제 사례를 보면 에너지경제연구원은 2021년 REC 가중치를 결정하기 위하여 경제성을 62.4% 반영하고 정책성을 37.6% 반영하였다. 정책성은 다시 경제·산업적 측면 26.5%, 환경적 측면 11.1%로 세분된다. 경제·산업적 측면의 세부 요소는 국내 기술 및 산업 활성화, 전

력 수급 안정화, 부존 잠재량으로 구성된다. 또한 환경적 측면의 세부
요소는 온실가스 배출 저감 효과, 지역 환경 영향, 지역 주민 수용성
으로 구성된다.

2021년 REC 가중치 산정을 위한 방법론

1계층		2계층			
요소	중요도	요소	세부요소		중요도
경제성	62.4%	-	요구 REC		62.4%
정책성	37.6%	경제·산업적 측면	• 국내 기술 및 산업 활성화 • 전력 수급 안정화 • 부존 잠재량		26.5%
		환경적 측면	• 온실가스 배출 저감 효과 • 지역 환경 영향 • 지역 주민 수용성		11.1%

* 에너지경제연구원, 2021

2021년 7월에 변경된 RPS 제도를 바탕으로 REC 가중치의 내용을
좀 더 자세히 살펴보도록 하자. 먼저 3MW 초과 수상태양광의 가중치
는 2018년 1.5에서 2021년 1.2로 하향 조정되었고 3MW 초과 육상태양광
의 경우는 2018년 0.7에서 2021년 0.8로 상향 조정되었다. 100kW 미만,
100kW 이상~3MW 이하, 3MW 초과 건물 위 태양광의 경우는 2018년과 같
은 1.5이다.[19]

대신 해상풍력은 기존에는 연계거리만 고려하였지만 2021년 개정

안에서는 수심도 고려하여 가중치를 부과하였다. 2018년에는 연계거리가 5km 초과인 고정형 해상풍력의 경우 가중치가 2.0이고 연계거리가 5km 늘어날 때마다 0.5p씩 늘어 최대 1.5의 복합 가중치를 받을 수 있었다. 개정된 가중치는 2.5가 기본이지만 연계거리가 5km 늘어날 때마다 0.4p 늘어나 최대 1.2의 복합 가중치를 부과받을 수 있다. 여기에 수심이 5m 깊어질 때마다 0.4p씩 늘어 최대 1.2의 복합 가중치를 받을 수 있다.[20] 또한 신설된 연안 해상(간석지 및 방조제 내측)의 풍력은 2.0의 가중치를 받을 수 있게 되었으며 여기에도 해상풍력과 동일한 연계거리 및 수심 규정이 적용된다. 육상풍력의 경우 종전 1.0에서 1.2로 상향 조정되었다.

그 외에도 연료전지는 기본 가중치가 2.0에서 1.9로 0.1p 줄었다. 하지만 부생 수소를 사용하면 0.1p가 추가되고 종합에너지 효율(전기+열)이 65% 이상일 때는 0.2p가 추가된다. 또한 바이오매스, 폐기물에너지, 방조제가 있는 조력발전, 조류발전의 경우는 종전과 같으며 수열과 IGCC의 가중치는 영(0)으로 더 이상 부여받지 못한다. 방조제가 없는 고정형 조력발전의 경우는 종전보다 0.25p 줄어 1.75의 가중치를 부여받으며 수력은 종전보다 0.5p 늘어 1.5의 가중치를 부여받는다.

신설된 발전차액지원제도 전환설비 가중치는 신규 설비 가중치 대비 0.2p가 줄어든다. 설계 토목 공사비, 계통 연계비 등이 감소하는 점과 발전차액지원을 받은 점 등을 고려한 결과이다. 여기서 발전차액지원제도 전환설비란 발전차액을 지원받은 신재생에너지 발전설비로서 발전차액지원 종료 후 발전사업 변경 허가를 받고 공급 인증 기관이 정하는 바에 따라 발전설비의 주기기를 교체한 설비를 말한다.

공급의무량에 대해서도 알아보자. RPS 공급의무자는 발전공기업 중심의 그룹Ⅰ과 한국수력원자력(이하 '한수원'), 한국지역난방(이하 '한난'), 한국수자원공사(이하 '수공') 및 민간 발전공기업으로 구성된 그룹Ⅱ로 나뉜다. 그룹Ⅰ의 비중이 2017년 87%에서 2021년 77%로 낮아지고 있는 반면 그룹Ⅱ의 비중은 2017년 13%에서 2021년 23%로 높아지고 있다.

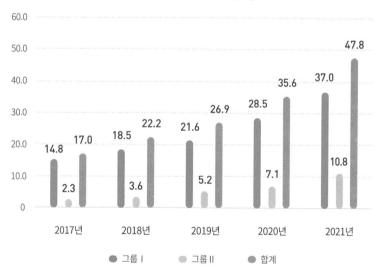

RPS 공급의무자의 의무공급량

* (단위: 백만REC)

연도	한수원	남동	중부	서부	남부	동서	한난	수공
2017	2.9	3.1	2.0	2.2	2.2	2.3	0.2	0.03
2018	3.4	3.9	3.1	2.6	2.8	2.8	0.4	0.04
2019	3.7	4.3	3.1	3.3	3.8	3.4	0.7	0.04
2020	5.5	5.7	4.1	4.1	4.6	4.6	0.8	0.05
2021	8.1	6.5	6.2	4.9	5.5	5.8	1.0	0.07

* (단위: 백만REC)

2021년 기준 RPS 공급의무량이 가장 많은 발전기업은 한수원으로 810만REC이다. 다음으로는 남동발전 650만REC, 중부발전 620만REC, 동서발전 580만REC, 남부발전 550만REC, 서부발전 490만REC 순이다.

2021년 기준 RPS 공급의무자의 지위를 갖는 민간 발전사는 SK E&S, GS EPS, GS파워, 포스코에너지, 씨지앤율촌전력, 평택에너지서비스, 대륜발전, 에스파워, 포천파워, 동두천드림파워, 파주에너지서비스, GS동해전력, 포천민자발전, 신평택발전, 나래에너지가 있다. 주요 민간 발전사의 RPS 공급의무량을 살펴보면 포스코에너지 139만REC, 파주에너지서비스 114만REC, GS동해전력 81만REC 순이다.

그렇다면 RPS 공급의무량은 어떻게 충당할까. RPS 대상 태양광설비의 경우를 예로 들어보자. 2012년부터 고정가격제도가 도입된 2017년 직전까지는 RPS 공급의무자가 태양광발전소를 자체 건설하여 공급의무량을 충당하거나 외부 구매, 선정 계약 방식을 통하여 태양광 판매사업자에서 REC를 구매하는 방법으로 공급의무량을 채워왔다. 반면 고정가격제도가 도입된 2017년 이후의 충당 방법은 외부 구매(고정가격계약 제외), 자체 건설(바이오 혼소 설비 제외), 자체 건설(바이오 혼소 설비), 고정가격계약(자체 계약, 선정 계약, 소형태양광 계약)을 들 수 있다.

한국에너지공단은 2012~2020년까지 에너지원별 REC 발급량을 공표하였다. 대상 에너지원은 태양광, 풍력, 수력, 연료전지, 바이오에너지, 폐기물, IGCC다. 이들 가운데 공급인증서 발급량이 가장 급격히 증가한 에너지원은 태양광발전이며 그 뒤를 바이오에너지, 연료전지, 풍력, 수력, 폐기물, IGCC가 잇고 있다.

에너지원별 REC 발급량

연도	태양광	풍력	수력	연료전지	바이오에너지	폐기물	IGCC
2012	92,118	62,972	1,257,117	116,258	73,058	44,963	-
2013	578,742	213,057	1,778,435	653,635	700,494	255,735	-
2014	1,628,931	331,033	1,117,937	1,718,244	3,237,091	305,353	-
2015	3,365,172	502,284	987,392	1,930,703	4,957,694	396,928	-
2016	4,571,369	893,016	1,137,116	2,103,068	5,452,560	415,877	26,275
2017	6,521,080	1,502,043	1,264,265	2,787,928	7,062,342	751,835	218,596
2018	9,223,263	1,990,584	1,248,987	3,171,466	9,278,369	680,518	269,802
2019	14,344,483	2,108,067	1,206,378	4,081,929	9,377,396	674,007	174,529
2020	20,764,073	2,863,173	1,491,821	6,475,570	9,956,421	1,008,776	392,566

* 한국에너지공단(단위: REC)

공급인증서의 발급 증가는 고스란히 공급인증서의 가격 하락으로 이어졌다. 공급인증서는 3년간 거래가 가능[21]하기 때문에 당해 RPS 시장에는 3년 전에 발급된 공급인증서도 있다. 산업부는 매년 2회 고정 가격계약 경쟁입찰제도를 실시하거나 RPS 현물 시장에서 태양광 판매사업자들과 발전사들의 직거래를 통하여 공급인증서의 양을 줄여 왔다. 최근에는 RE100 제도를 도입하여 공급인증서 거래를 RE100 이행 수단의 하나로 제시하였다.

계통한계가격(SMP)
결정과 변동 요인

계통한계가격(System Marginal Price, SMP)이란 거래 기간별로 적용되는 전력량에 대한 전력 시장 가격(원/kWh)을 말하며, 이는 육지와 제주 지역으로 구분하여 운영된다.[22]

한국의 전력 시장은 도매 시장과 소매 시장으로 구성되어 있으며 전력 가격은 도매 시장의 거래 가격으로 적용된다. 도매 시장은 발전 자회사와 민간 발전사가 판매하고 한전이 구입하는 시장으로 SMP가 거래 가격으로 적용되고, 소매 시장은 한전과 일반 고객이 거래하는 시장으로 평균 비용+α 방식이 적용된다.

전력 시장에서 적용되는 SMP 방식의 단점은 연료비 등 외생 변수의 영향력이 지나치다는 점이다. 특히 유류 및 LNG가 SMP 결정의 대부분을 점유하고 있으며 유류, LNG 가격의 상승·하락률이 SMP의 상승·하락률과 거의 동일하여 변동비 반영 거래시장(CBP)의 리스크가 과

다하다는 것이 특징이다. 따라서 CBP 시장은 신재생에너지 설비 보급이 확대되는 상황에 제대로 대처하지 못한다는 비판 속에 개편이 예정되고 있다.

전력거래소가 밝힌 2020년 5월 전력 시장 운영 실적을 살펴보면 총 정산금 3조 831억 원 가운데 에너지 정산금이 80.9%, 용량 정산금이 7.4%를 차지한다.

신재생에너지 발전기의 경우 석탄발전이나 원자력발전과는 달리 전력 시장에서 RPS 공급의무자들이 전력을 구매한다. 이때 RPS 공급의무자들은 공급인증서가격에 SMP 가격을 합산하여 구매한다.

육지 SMP는 2012년 7월 kWh당 184.64원을 기록한 이래 꾸준히 떨어져서 코로나19 사태의 영향을 가장 많이 받은 2020년 11월에는 49.59원을 기록하였다. 이후 다시 회복세를 타고 2021년 12월 기준 141.86원을 기록하며 우상향했다. SMP 가격이 급속히 오른 이유는 유가와 천연가스 가격이 동반 상승하였기 때문이다.

정산요소별 거래금액

| 구분 | 에너지 정산금 | | | | 용량 정산금 | 보조 서비스 정산금 | RPS 및 ETS 정산금 | 계 |
	전력량 정산금	제약 정산금	기타 정산금	소계				
거래금액 (점유율)	23,217 (75.3%)	1,601 (5.2%)	115 (0.4%)	24,933 (80.9%)	2,287 (7.4%)	27 (0.1%)	3,584 (11.6%)	308,311 (100.0%)

* 전력거래소, 2020(단위: 억 원)

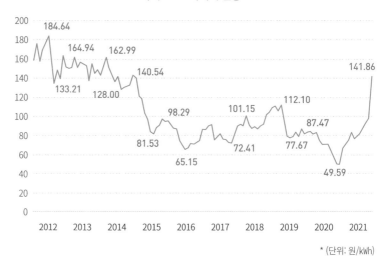

육지 SMP 가격의 변동

* (단위: 원/kWh)

전통적으로 SMP 가격은 주로 유가와 연동되어 왔다. 하지만 최근에는 천연가스 가격 변동의 영향력을 받는 일이 빈번해지고 있다. 천연가스 발전이 계통에 공급하는 전력의 비중이 점차 늘어나고 있기 때문이다.

첫 사례는 2019년 4월에 일어났다. 당시 SMP 가격은 4월 27일까지 kWh당 98.09원을 유지하였다가 다음 날 28일 91.28원으로 약 8원가량 하락하였다. 이로 인해 한전은 민간 구입 전력비를 약 1조 1,000억 원 줄일 수 있었는데, 여기에는 정부의 세수 감소 2,000억 원, 민간 가스발전 전력 구입비 7,000억 원, 신재생에너지 전력 구입비 2,000억 원이 포함되어 있다. 당시는 2018년 7월 30일 개편된 에너지 세제[23]가 2019년 4월 1일부터 적용된 시기였다. 따라서 민간 가스발전사의 경우 한전으로부터 적게 정산받는 대신 연료 구입 시 지불하는 세금을 경감받기 때문에 득실이 없는 것으로 분석되었다. 반면 신재생에너지의 경우 연료비 경감이 없기 때문에 고스란히 수익성 감소로 연결되었다.

두 번째 사례는 천연가스 가격과 SMP 가격이 연동되면서 신재생에너지 수익에 영향을 준 경우이다. 2021년 4월 15일 직전 3개월간 SMP 가격은 고공 행진을 한 후 4월 들어 하락세로 들어섰다. 이때 두바이유 동향은 소폭 상승세였을 뿐 기울기가 낮았던 반면 발전용 천연가스 요금은 3월에 급등하였다. 따라서 주로 유가에 연동되던 SMP 가격이 천연가스 요금에 영향을 받아 급등한 사례로 볼 수 있다.

이 사례를 좀 더 구체적으로 살펴보면 SMP 가격은 2021년 들어 계속 상승하였다. 2021년 1월 1일 kWh당 67.03원에서 출발하여 3월 1일 80.99원, 3월 24일 84.73원, 4월 5일 84.19원, 4월 6일 77.42원, 4월 11일 73.8원의 급격한 변화를 보였다. 즉 3월 이후 한 달 남짓 80원대를 유지하다가 4월 들어 70원대로 하락한 것이다. 이때 두바이유의 경우 2021년 배럴당 54.19원으로 시작하여 3월 초 66.37원, 4월 15일 64.17원으로 비교적 완만한 상승세를 보였다. 반면 발전용 천연가스는 2월 Nm³당 461원에서 3월 506원, 4월 455원으로 급변하였다. 이는 SMP 가격 변동에 천연가스 가격이 중요한 영향을 미치고 있음을 보여준다.

SMP가 신재생에너지 가격에 영향을 미치지만, SMP 가격이 하락한다고 해서 무조건 신재생에너지 수익성이 악화되는 것이 아니다. 이는 SMP 가격이 공급인증서가격과 합산되어 신재생에너지 수익성에 반영되기 때문이다.

공급인증서가격의
예측

SMP와 마찬가지로 공급인증서가격 또한 꾸준히 하락해왔다. 2013년 12월 육지 공급인증서의 현물 시장 가격은 kWh당 232.59원에 달했지만 2021년 7월에는 30.1원까지 떨어졌다가 12월에 39.88원으로 올랐다.

공급인증서가격이 계속 떨어지는 이유는 시장에 공급인증서의 공급이 수요를 넘어섰기 때문이다. 이러한 현상은 최소 2025년까지 계속될 전망이다.

시계열 분석을 통하여 예측해본 결과 향후 공급인증서의 공급량-수요량, 즉 공급인증서의 잉여량의 추이는 크게 두 가지다. 시나리오 I은 2017년 360만REC로 시작하여 2026년 2,290만REC로 정점을 찍은 후 2034년 320만REC로 줄어드는 경로다. 시나리오 II는 2022년 잉여 공급인증서가 380만REC를 기록한 후 2023년에는 공급인증서 수

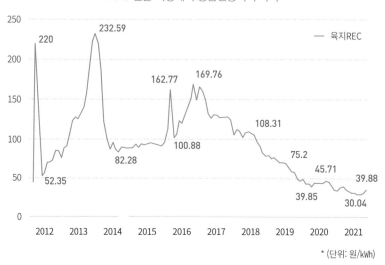

RPS 현물 시장에서 공급인증서의 가격

— 육지REC

220
232.59
162.77
169.76
108.31
100.88
82.28
75.2
52.35
45.71
39.85
30.04
39.88

2012 2013 2014 2015 2016 2017 2018 2019 2020 2021

* (단위: 원/kWh)

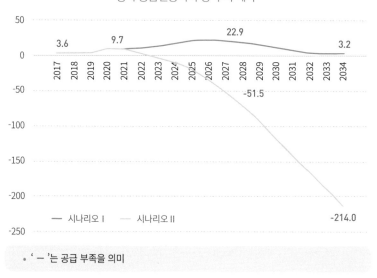

잉여 공급인증서의 양 추이 예측

3.6
9.7
22.9
3.2
-51.5
-214.0

2017 2018 2019 2020 2021 2022 2023 2024 2025 2026 2027 2028 2029 2030 2031 2032 2033 2034

— 시나리오 I   — 시나리오 II

• '－'는 공급 부족을 의미

* (단위: 백만REC)

요가 공급보다 310만REC 더 많아지는 경로다. 어떤 경우든 2021년 10월 기준 RPS 시장에 공급인증서 공급이 수요를 초과하기 때문에 공급인증서가격이 하락할 수밖에 없는 상황이다.

실제로 공급인증서 현물 시장에서는 매수 주문이 매도 주문보다 많을 때 공급인증서가격이 올라가고 매수 주문이 매도 주문보다 적을 때 공급인증서가격이 내려가는 현상이 반복되고 있다.

가격 상승 사례를 들어보자. 육지 REC의 가격은 2020년 3월 5일 3만 113원에서 3월 17일 4만 2,811원으로 올랐다. 같은 기간 매도 의도는 7만 1,863REC에서 12만 7,672REC로 증가된 반면 매수 의도는 8만 1,456REC에서 25만 2,198REC로 증가하였다. 즉 매수 우위가 지속되자 가격이 오른 것으로 분석된다.

이번에는 하락 사례이다. 2021년 3월은 공급인증서가격이 하락한 시기로 2일 3만 9,065원에서 30일 3만 1,381원으로 줄었다. 같은 시기에 매도 의도는 15만 1,841REC에서 출발하여 4일 24만 77REC로 정점을 찍은 후, 18일 11만 587REC로 10만REC대를 유지하다가 30일 7만 7,413REC로 마감하였다. 반면 매수 의도는 2일 15만 1,841REC로 출발하였지만 23일까지 10만REC 이하를 유지하다가 30일 15만 4,530REC로 마감하였다. 매수 의도가 매도 의도보다 작은 이 시기에는 공급인증서가격이 떨어졌음을 관찰할 수 있다.

2021년 공급인증서가격은 시계열 분석 결과 kWh당 최소 31원에서 최대 48원 사이를 진동할 것으로 예측된다. 3~9월에는 30원대 초중반을 기록하다가 10월 들어 40원대를 회복한 후 연말에 41원대를 기록할 것으로 분석되었다. 실제로 2021년 9월 들어 REC 가격이 상승

세로 반전하여 동년 10월 kWh당 평균 35.47원을 기록했고 12월 28일
에는 39.92원을 기록하였다.

시계열 분석을 활용한 2021년 공급인증서가격 예측

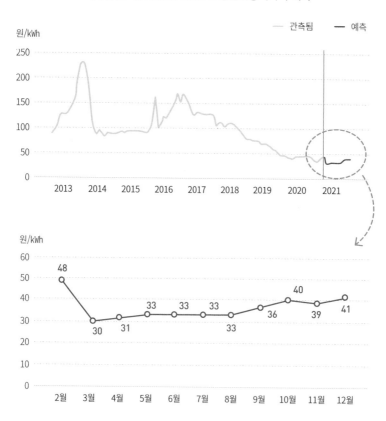

산업부는 공급인증서가격이 하락세를 면치 못하자 고정가격계약 경쟁입찰제도의 계약 물량을 늘려 왔다. 고정가격계약 경쟁입찰제도는 RPS 공급의무자와 태양광 판매사업자 간 계약 기간을 20년으로 하고 있다. 전력거래소에서 거래하는 SMP 가격과 RPS 시장에서 거래하는 공급인증서가격의 합산 가격을 바탕으로 20년 장기 계약이 체결되며, 한국에너지공단에 이 제도의 시행을 맡기고 있다. 산업부는 계약 물량을 늘리는 이 방법으로 공급인증서가격의 안정을 꾀하고 있다.

고정가격계약
경쟁입찰제도

　고정가격계약이란 신재생에너지 공급인증서가격에 전력거래가격 (SMP)을 합산한 가격을 고정 가격으로 하여 체결하는 계약이다. 이 경우 신재생에너지 공급인증서의 계약 단가는 고정 가격에서 전력거래 가격을 차감하여 매월 산정한 가격이 된다. 이때 전력거래가격이 고정 가격을 초과하는 경우에는 계약 단가를 영(0)으로 산정한다.[24]

　고정가격계약 경쟁입찰의 참가 자격은 다음의 7가지로 정리할 수 있다. ① 태양광 발전사업 허가를 취득한 발전 설비 ② 공급인증서 발급 대상 태양광 설비로부터 전력을 공급받아 저장하고 계통으로 전력을 공급하는 전력저장장치(ESS)로 공사 계획의 인가 또는 신고를 완료한 설비 ③ FIT, RPS 시범사업, RPS 태양광 판매사업자, 한국형 FIT, 고정가격계약 등 기존 사업에 계약되지 않은 발전소(이미 계약된 설비의 연계 설비(ESS 설비)로 참여하는 발전소 제외) ④ 참여 제한 발전소 제외 ⑤ '신재생에너지법' 제12조②에 의한 의무화 대상으로 설치된 설비 제외 ⑥ '신재생에너지법' 제13조에 의하여 인증된 태양광 모듈 ⑦ 신재생에너지센터 규칙 〈별표1〉에 따른 축전지, 전력변환장치(PCS) 사용 등이다.

2021년 상반기에는 설비용량별 입찰 구간이 종전 3구간에서 5구간으로 확대되었다. 구간은 100kW 미만, 100kW 이상~500kW 미만, 500kW 이상~1MW 미만, 1MW 이상~20MW 미만, 20MW 이상이다.

2021년 하반기에는 설비용량별 구간이 다시 조정되어 500kW 미만은 종전과 같고 500kW 이상~3MW 미만, 3MW 이상으로 조정하였다.

탄소검증제 도입 시점에 따른 고정가격계약 경쟁입찰제도 시장 참여 구분

구분	유형 I	유형 II	유형 III
구분 기간	'20.9.15일까지	'20.9.16일부터	
검증인정서 발급 가능 여부	발급 불가 (선택권 없음)	발급 가능 (탄소 검증 모듈 선택 가능)	
탄소 검증 모듈 사용 여부	X	X	O
	⇩	⇩	
시장 참여	기존 설비 시장 참여	신규 설비 시장 참여	

2020년 하반기부터 탄소검증제를 도입함에 따라 시장 참여는 3가지 유형으로 구분된다. 유형Ⅰ은 기존 설비 시장으로 탄소 배출량 검증 인정서 발급 전('20.9.15. 이전)까지 모듈 계약을 체결해 탄소 검증 모듈을 사용하지 못한 발전소이다. 유형Ⅱ은 탄소 배출량 검증인정서 발급 후('20.9.16.부터) 모듈 구매 계약을 체결한 발전소로서 탄소 검증 모듈을 사용하지 않는 유형이다. 유형Ⅲ은 유형Ⅱ과 같은 조건의 발전소로 탄소 검증 모듈을 사용한 유형이다.

2021년 상반기 고정가격계약 경쟁입찰제도의 특징 중 하나는 응찰한 태양광 판매사업자는 좋은 점수를 얻기 위해서 안정적인 경영 상태를 입증하여야 한다는 점이다. 심사위원은 응찰자의 입찰 가격 외에 발전소 개발 진행도, 자기자본 비율, 보험 또는 공제 가입 여부 그리고 농축산어업인·협동조합·주민참여형 설비 여부도 검토한다. 더불어 사용된 태양광 모듈의 탄소 배출량에 따라 점수를 부여하게 된다.

배점을 살펴보면 신규 설비 시장의 경우 입찰 가격이 75점, 태양광 모듈 탄소 배출량 10점, 발전소 개발 진행도, 자기자본 비율, 보험 또는 공제 가입 여부가 각 4점, 농축산어업인·협동조합·주민참여형 설비 여부는 3점이다. 여전히 전체 점수에서 입찰 가격이 차지하는 비중이 높지만 배점은 향후 정책 방향에 따라 달라질 수도 있다.

산업부는 실제로 배점에 변화를 주는 작업을 진행 중이다. 산업부는 저탄소 제품을 보다 많이 사용하도록 유인하기 위하여 최대 배점을 상향하고 등급 간 가점 격차를 확대하는 방안을 강구 중이다.

태양광 모듈 탄소 배출량 지표 변경(안)

기존			변경안		
구간	배점	탄소 배출량	구간	배점	탄소 배출량
I	10점	670 이하	I	15점	670 이하
II	4점	670 초과~830 이하	II	10점	670 초과~730 이하
			III	5점	730 초과~830 이하
III	1점	830 초과, 미검증 제품	IV	1점	830 초과, 미검증 제품

* 산업부, 2021(단위: kg·CO2/kW)

2021년 12월 알려진 바에 따르면 신규 설비 시장의 입찰 가격이 70점으로 기존 대비 5점 하락하는 대신 태양광 모듈 탄소 배출량 배점이 15점으로 기존 대비 5점 상승한다. 발전소 개발 진행도 등 나머지 항목은 동일하다. 태양광 모듈 탄소 배출량 지표도 기존 3단계에서 4단계로 세분하며 최고 점수가 기존 대비 5점 상향된 15점으로 변경했다.

고정가격제도 경쟁입찰제도가 시작된 것은 2017년부터이다. 당시 REC 현물 시장 가격이 계속 떨어지자 태양광 발전사업자에게 장기간 안정적인 가격을 보장하기 위하여 산업부가 도입한 것이다. 이 제도는 우선 태양광에 한하여 실시되었지만 시간이 지날수록 공고용량 및 접수 설비용량, 선정 설비용량이 늘어나게 되었다.

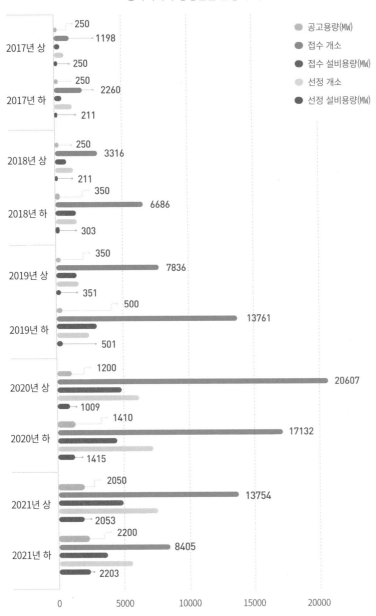

고정가격계약 경쟁입찰 운영 추이

- ● 공고용량(MW)
- ● 접수 개소
- ● 접수 설비용량(MW)
- ● 선정 개소
- ● 선정 설비용량(MW)

2017년 상
- 250
- 1198
- 250

2017년 하
- 250
- 2260
- 211

2018년 상
- 250
- 3316
- 211

2018년 하
- 350
- 6686
- 303

2019년 상
- 350
- 7836
- 351

2019년 하
- 500
- 13761
- 501

2020년 상
- 1200
- 20607
- 1009

2020년 하
- 1410
- 17132
- 1415

2021년 상
- 2050
- 13754
- 2053

2021년 하
- 2200
- 8405
- 2203

공고용량을 살펴보면 제도가 처음 도입된 2017년 상반기에는 250MW가 모집되었지만 2018년 하반기에는 350MW, 2019년 하반기 500MW, 2020년 상반기 1,200MW, 하반기 1,410MW 그리고 2021년 상반기 2.05GW, 하반기에는 2.2GW로 급증하였다. 특히 2020년 상반기 이후 공고용량이 급증한 것은 REC 가격 하락을 부채질하는 잉여 REC를 흡수하기 위한 조치로 풀이된다. 이에 따라 접수 설비용량도 늘었는데 2017년 상반기에는 443MW에 불과했지만 2018년 하반기 1,682MW, 2020년 상반기 5,005MW, 2021년 상반기 5,098MW로 크게 증가하였다. 선정 설비용량의 경우에는 소폭의 차이가 있지만 공고용량에서 크게 벗어나지 않는 선에서 선정됐다.

이런 가운데 계약된 고정가격계약 경쟁입찰 선정 가격은 2017년 상반기 이래 비교적 완만한 하락세를 보였다가 2021년 하반기 상승세로 반전되었다. 2017년 상반기 선정 가격은 kWh당 평균 182원이었는데 동년 하반기 185원으로 소폭 상승 후 계속 떨어져 2021년 상반기 136원까지 하락했다. 그러다가 2021년 하반기 143원으로 재상승하였다. 고정가격계약 경쟁입찰 선정 가격이 지속적인 하락세에서 상승세로 반전한 것은 계통한계가격(SMP)과 공급인증서(REC) 현물 시장 동향과도 연관이 있다.

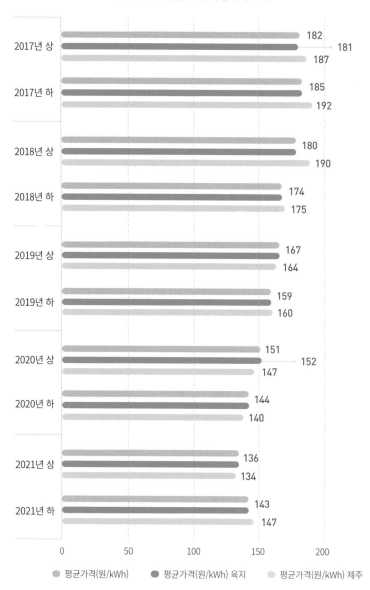

고정가격계약 경쟁입찰 선정가격 추이

2017년 상	182 / 181 / 187	
2017년 하	185 / 192	
2018년 상	180 / 190	
2018년 하	174 / 175	
2019년 상	167 / 164	
2019년 하	159 / 160	
2020년 상	151 / 152 / 147	
2020년 하	144 / 140	
2021년 상	136 / 134	
2021년 하	143 / 147	

● 평균가격(원/kWh)　　● 평균가격(원/kWh) 육지　　● 평균가격(원/kWh) 제주

RPS 제도가 시작된 이래 육지 계통한계가격은 2017~2021년 상반기 사이 kWh당 86.1원에서 82.72원으로 4% 하락하였고 육지 공급인증서의 경우 160.14원에서 31.76원으로 80%가 하락하였다. 또한 SMP+REC 가격은 kWh당 246.24원에서 114.48원으로 53% 하락하였다.

반전은 육지 계통한계가격의 경우 2020년 12월부터, 육지 공급인증서가격은 2021년 2월부터, SMP+REC 가격은 2021년 1월부터 일어났다. 2020년 12월 육지 계통한계가격은 전달 kWh당 49.59원에서 66.88원으로 반전했고 2021년 2월 육지 공급인증서가격은 전달 kWh당 38.91원에서 40.08원으로 반등했으며 2021년 1월 SMP+REC 가격은 전달 kWh당 101.27원에서 109.38원으로 상승하였다.

이러한 반전의 원인을 분석하면 육지 계통한계가격의 경우 세계 경제가 코로나19 위기에서 점차 벗어나며 석유와 천연가스 수요가 확대되어 이와 연동된 계통한계가격이 동반 상승했다는 분석이 유력하다. 육지 공급인증서가격의 경우 RPS 공급의무량이 2026년 이후 25%로 확대된 데에 따라 공급인증서가격이 오를 것이라는 예측과 더불어 계절적 요인이 겹쳐 상승한 것으로 분석된다.

앞서 기술한 것처럼 계통한계가격은 전통적으로 유가와 관계가 깊고 최근에는 천연가스도 한몫하고 있다. 2019년 4월의 계통한계가격 하락은 에너지 세제 개편 효과로 인한 천연가스 가격 하락에 기인한 것이다. 여기에 미국과 사우디아라비아의 에너지 전쟁으로 인한 유가 하락과 코로나19 사태에 따른 경기 위축으로 석유 수요도 감소하였다. 결국 계통한계가격은 2020년 말까지 계속 떨어지면서 kWh당 49.49원을 기록하였다.

2021년 들어 선진국을 중심으로 한 코로나19 백신 접종의 영향으로 유류 소비가 늘어나면서 계통한계가격은 상승세로 전환하였다. 이때도 RPS 시장에서는 잉여 공급인증서의 과잉으로 인하여 공급인증서가격이 계속 하락하였다. 재생에너지 판매사업자들은 계통한계가격 상승에 힘입어 2021년 8월 kWh당 123.45원대의 수익을 거두었다. SMP+REC 가격은 2020년 11월에는 84.71원으로 하락하기도 했다.

2021년 8월에는 공급인증서가격은 우하향했으나 계통한계가격이 큰 폭으로 우상향하고 있어 수익성의 개선 효과를 보았다. 전 세계가 코로나19 사태를 극복하면 계통한계가격은 더 오를 수도 있을 것으로 보인다. 따라서 향후 재생에너지 판매사업자의 수익성이 개선될지 여부가 주목된다.

/ 7장 /

국내외 기업,
RE100에 자발적으로 참여하다

RE100
이니셔티브

   RE100 이니셔티브(이하 'RE100')란 기업이 필요한 전력의 100%를 재생에너지로 공급하겠다는 자발적인 글로벌 재생에너지 캠페인으로 'Renewable Energy 100'의 약자다. RE100을 주도하는 단체인 클라이밋 그룹(Climate group)과 CDP는 "대규모 무탄소 계통을 향한 지속적인 변화를 목적으로 한다"고 밝히고 있다.[25] 클라이밋 그룹은 2014년 뉴욕에서 개최된 기후 주간(Climate Week NYC) 행사에서 RE100을 처음으로 소개하였다.

   2021년 12월 기준 RE100에 동참한 기업은 전 세계적으로 346개 기업에 달한다. 각 회원 기업들은 RE100에 대한 목표를 제시하고 있다. 에어비앤비는 2021년에, 아스트라제네카·샤넬·나이키·존슨앤존슨·이베이(데이터센터)는 2025년에, 퍼스트솔라는 2028년에, 3M은 2050년에 100% 재생에너지 목표 달성을 예고하였다. 또한 마이크로소프트는

2014년, 구글은 2017년, 애플은 2018년, 메타(구 페이스북)는 2020년에 100% 재생에너지로 전력을 공급하였다고 밝혔다.

한국 기업도 RE100에 가입하였다. LG에너지솔루션과 아모레퍼시픽은 2030년까지, SK홀딩스는 2040년까지 100% 재생에너지로 전력 수요를 충당하겠다고 밝혔으며 SK하이닉스, SK텔레콤, SK머티리얼즈, SK실트론, SKC, 한국수자원공사(K-water)는 2050년을 100% 재생에너지 달성 시기로 삼았다.

기업들이 RE100에 가입하는 이유는 온실가스 배출 규제에 대응하고 기업의 사회적 책임을 달성하기 위해서이다. 동시에 재생에너지가 경제성을 갖추고 있기 때문이다. 실제로 구글의 수석부사장 우르스 회즐(Urs Hötzle)은 "신재생에너지는 저렴한 선택지이다. 전기요금은 데이터센터 비용의 가장 큰 구성 요소이기 때문에 신재생에너지를 장기간 안정적이고 저렴한 비용으로 공급받는 것이 매우 중요하다"고 밝혔다.

RE100 클라이밋 그룹에 가입하는 주체는 회사(Companies), 자회사(Subsidiary Companies), 재생에너지 전력설비 제조기업이다.

자격 요건을 살펴보면 '회사'의 경우는 전 세계 혹은 국가적으로 인식되고 믿을 만한 브랜드이며 포춘지(誌) 100대 기업 또는 이에 상응하는 주요 다국적 기업이고 전력 사용량이 연간 0.1TWh 이상이어야 한다.

'자회사'의 경우는 모기업과 명백히 분리된 브랜드를 소유해야 하며 연간 소비 전력이 1TWh 이상이어야 한다.

'재생에너지 전력설비 제조기업'의 경우는 연간 0.1TWh 이상의 전력을 소비하고 주력 사업이 제조업이어야 하며 재생에너지발전 개발 및 관리, 재생에너지 전력 판매, 컨설팅, 재생에너지 고객에 대한 법적 혹은 기타 서비스의 사업 비중은 50% 이하여야 한다. 특히 재생에너지 전력설비 제조기업은 골드 등급(Gold level) 멤버십을 약정하고 가입 후 최대 8년 이내에 재생에너지 100% 목표를 달성하여야 한다.

RE100 이행 요건을 살펴보자. 먼저 재생에너지원으로부터 100% 전력을 획득하여야 하며 RE100 이행을 위한 명확한 전략(시간표)을 제시하고 가입 후 12개월 내 RE100 로드맵 개발을 약정하여야 한다. 목표 기일당 달성 수준은 2030년까지 60%, 2040년까지 90%, 2050년까지 100%이다. 이에 따라 재생에너지 전략과 과정이 담긴 연간 보고서를 제출해야 하는데, CDP는 제출된 보고서를 평가한 후 목표에 미달한 회사에는 RE100 탈퇴를 요청할 수 있다.

RE100 가입 주체들은 '회사의 운영 전반(Entire Operation)'에 있어 100% 재생에너지 사용을 적용해야 한다. 회사의 운영 전반이란 회사 활동에 관련된 모든 'Scope 2' 배출, 회사의 발전과 관계된 'Scope 1' 배출(수송용 화석연료, 열 생산, 전력 생산과 관련되지 않은 다른 사용 배제), 브랜드 혹은 회사 그룹 안의 모든 회사 운영(브랜드 혹은 회사 그룹에 50% 이상 소유된 운영 포함)을 말한다. 단, 프랜차이즈나 지분을 50% 이하 소유한 경우에는 재생에너지 사용 요구량에 대하여 사례별로 평가받는다.

그 외 RE100 이행 수단은 녹색프리미엄, 공급인증서 구매, 제3자 PPA, 지분 투자, 자가발전이 있으며 이는 K-RE100에서도 동일하다.

온실가스 배출량 산출 영역(Scope)

Scope 1	Scope 2	Scope 3
직접 배출	간접 배출	간접 배출
		구매한 물질 및 서비스 처리
회사 시설 및 회사 소유 차량	자가소비용으로 구매한 전력, 온열, 냉열	수송 및 유통, 비즈니스 여행, 폐기물 관리, 차량 렌트 및 리스

한국 산업계의 새로운 바람,
K-RE100

K-RE100은 2021년에 도입되었다. 참여 대상은 RE100 이니셔티브와 달리 전기 사용량 수준과 무관하다. 국내에서 재생에너지를 구매하고자 하는 산업용·일반용 전기 소비자라면 누구나 한국에너지공단 등록을 거쳐 참여가 가능하다. 재생에너지 100% 사용 선언이 없어도 참여할 수 있지만 산업부는 2050년까지 100% 재생에너지 사용을 권고하고 있다. RE100 이니셔티브와 달리 2050년까지 중간 목표는 참여자의 자율에 맡기고 있다.

대상이 되는 에너지원은 태양광, 풍력, 수력, 해양, 지열, 바이오에너지다. 한국에너지공단은 재생에너지 사용 확인서를 발급하는데, 이를 발급받은 기업은 RE100 이니셔티브 등에 제출하여 약정 목표 이행에 대한 증빙 자료로 활용할 수 있다. 국내에서는 온실가스 감축 실적으로 인정받을 수 있으며 중소·중견기업의 경우 조달 혜택과 보증을 받는 데 필요한 요건이 경감되는 혜택이 있다. K-RE100은 이와 관련하여 별도의 라벨링을 만들었는데 재생에너지 사용 비중을 20%부터 100%까지 표시할 수 있는 것이 특징이다.

K-RE100 이행 수단 중 요즈음 가장 크게 관심받고 있는 것은 녹색 프리미엄 제도이다. 산업부는 녹색 프리미엄 제도를 '재생에너지로 생산된 전력을 구매하고자 하는 전기 소비자가 전기요금 외에 자발적으로 추가 부담하는 요금원'이라고 규정하였다. 이 제도는 한전이 시행하고 있으며 '전기요금+입찰가'로 구성된다. 최저 입찰 가격은 10원/kWh이며 낙찰 금액이 따로 결정되지 않고 입찰가가 곧 낙찰가가 된다. 따라서 기업들에게는 이 제도가 저렴한 비용으로 K-RE100은 물론 RE100 이니셔티브에 참여하는 수단으로 인식되고 있다.

한전은 RPS 제도를 통하여 발전 자회사들이 확보한 재생에너지발전소를 녹색 프리미엄 제도의 배경으로 제시하고 있다. 이 논리는 한전이 송배전망을 통하여 공급하는 전기는 원자력발전, 석탄발전, 천연가스발전, 신재생에너지발전에서 공급되기 때문에 순수 재생에너지발전소에서 생산되었다고 보기 어렵다는 비판에 대한 대응이다.

2021년도 녹색 프리미엄 판매 물량을 산출하는 방법은 '2021년도 발전차액지원제도(FIT) 예상 발전량 + 2021년 RPS 공급의무량(잠정치) × 0.8 × 2019년도 RPS 공급의무량'이다. 여기서 계산에 산입되는 에너지원은 태양광, 풍력, 수력, 지열, 해양, 바이오에너지다. 이렇게 산출된 2021년 녹색 프리미엄 판매 물량은 17,827GWh이며 입찰 하한가는 10원/kWh이다.

2021년에는 특별히 2월에 이어 6월에 한 번 더 입찰 행사가 개최되었는데 향후에는 매년 1회 개최될 예정이다. 다만 낙찰가는 매년 달라질 수 있다. 2021년 녹색 프리미엄 낙찰 기업의 계약 기간은 2021년 12월 31일이다. 녹색 프리미엄을 매월 납부하고 분기별로 재생에너지 사용 확인서를 받게 된다. 기업이 납부한 녹색 프리미엄에 대한 용처는 재생에너지 사용 심의위원회에서 결정하며, 녹색 프리미엄은 주로 재생에너지 설치 지원 사업에 재사용될 전망이다. 단, 녹색 프리미엄은 온실가스 감축 실적으로 인정받지 못한다. 녹색 프리미엄 제도가 재생에너지를 사용만 하였지 확대하지 않았다는 것이 그 이유다.

RE100 이행 수단① 녹색 프리미엄

* 한국에너지공단

공급인증서를 구매하는 것도 K-RE100 이행 수단 가운데 하나다. 이를 위하여 한국에너지공단은 2021년 1월 11일 신재생에너지 공급인증서 거래 시범 사업을 공고하였으며, 이를 통해 공급인증서 거래 플랫폼을 구축할 예정이다. 공급인증서 구매는 온실가스 감축 실적으로 인정받을 수 있다. 공급인증서를 구매한 기업은 한국에너지공단에 제

출하여 재생에너지 사용 확인서를 교부받게 되며, 한국에너지공단은
이 공급인증서를 소각한다.

RE100 이행 수단② REC 구매

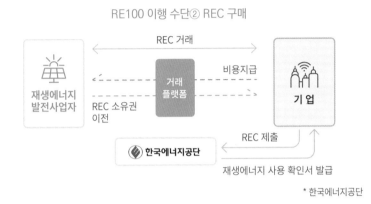

* 한국에너지공단

재생에너지발전소 지분 참여 또한 K-RE100 이행 수단이다. 산업부
는 이를 '지분 참여를 통한 전력 및 신재생에너지 공급인증서(REC) 구
매 계약의 체결'이라고 규정하였다. 지분 참여 또한 온실가스 감축 활
동으로 인정받을 수 있으며, REC 가중치를 제거한 전력량(MWh)으로
실제 거래가 진행된다.

한 가지 유의할 점은 지분 참여 비중과 상관없이 계약 내용에 따라
재생에너지 사용 확인서를 발급받는다는 점이다. 특정 재생에너지발
전소에 작은 비중의 지분을 가졌어도 계약상 비중이 크다면 계약량만
큼 재생에너지를 사용하였다고 인정받을 수 있다.

RE100 이행 수단③ 지분 참여

제3자PPA 또는 REC 계약

기 업

재생에너지 프로젝트
지분 참여

REC 제출   재생에너지 사용 확인서 발급

한국에너지공단

* 한국에너지공단

제3자 PPA 역시 K-RE100 이행 수단의 하나이다. 이는 재생에너지 발전사업자와 전기 판매사업자 및 전기 사용자 간 개별 계약을 통하여 전기 사용자가 재생에너지를 공급받을 수 있도록 보장한 제도이다.

이 제도의 몇 가지 특징을 살펴보자. 먼저 발전사업자가 전력 거래 계약을 체결하고자 하는 발전 설비용량은 1MW를 초과해야 하며 전기 사용자는 1MW 초과의 일반용 전력 또는 산업용 전력 고압 고객이다. 발전사업자와 전기 사용자는 계약 체결 1개월 전까지 전기 판매사업자에게 소정의 서식을 제출해야 한다. 그리고 계약은 발전사업자−전기 판매사업자 간, 전기 판매사업자−전기 사용자 간에 체결하게 된다. 요컨대 전기 판매사업자가 중개하는 형태이다. 전력 단가의 경우는 발전사업자와 전기 사용자가 합의하며 계약 기간은 최소 1년 이상이다.

여기서 유의할 사항이 있다. 발전사업자가 합의서에 기재된 발전량을 공급하지 못할 경우 부족한 발전량을 전기 판매사업자가 전력 시장에서 대신 구매하여 전기 사용자에게 공급한 것으로 본다는 점이다. 이때 발전사업자의 고의 또는 중대한 과실로 인하여 공급하지 못한 전력량에 대해서는 해당 시간대 계통한계가격과 약관에 따른 전기 사용자의 경부하 시간대에 적용하는 전력량 요금과의 차액에 대해 100분의 130을 곱한 금액을 발전사업자에게 부과한다. 그렇지 않은 경우에는 전기 판매사업자의 약관에 따른 요금을 적용한다. 만약 발전사업자가 전력을 부족하게 공급하여 재생에너지 사용 확인 등과 관련된 손해가 발생한다면 전기 사용자는 발전사업자에게 손해 배상을 청구할 수 있다.

이와 반대로 통제할 수 없는 사유로 인해 전기 사용자가 발전사업자가 생산하는 전체 발전량을 모두 구매하지 못하는 경우도 발생할 수 있다. 이때 발전사업자는 전기 사용자가 구매하고 남은 발전량에 대해 전력 시장 운영 규칙에 따라 전력 시장에서 거래할 수 있다.

전기 판매사업자는 발전사업자와 전기 사용자로부터 제3자 간 전력 거래 계약에 따른 수수료를 받을 수 있다. 아울러 전기 사용자가 전기 판매사업자에게 납부할 요금을 확정할 때는 전력 단가 외에도 몇 가지 비용들이 반영된다. 한국전력통계에서 확정한 전력 손실을 반영한 금액, 전력 시장 운영 규칙상 부가 정산 금액, 수수료 약관에서 정하는 바에 따라 사회적·정책적 배려 계층에 대한 에너지 복지 명목의 전기요금 감액을 제공하는 데 소요된 비용, 전기요금 특례 등 특정 사업 분야 지원 목적으로 고객에게 할인을 제공하는 데 소요된 금액, 그리고 전력 산업 기간 기금 등이다.

이 밖에 알아두어야 할 것도 있다. 전기 판매사업자는 발전량과 수전 전력량을 동시에 계량할 수 있는 양방향 계량 장치, 계량 정보 전송을 위한 통신 장치를 관리한다. 하지만 설치 관리에 드는 비용은 전기 판매사업자와 발전사업자에게서 균등하게 나눠 받는다.

제3자 PPA의 방식은 발전사업자와 전기 사용자 간 전력 거래를 전기 판매사업자가 중개하며 부족한 전기를 보충한다는 것이 장점이다. 하지만 전기 사용자에게는 한전에서 전력을 구매하여 사용하는 것에 비해 별다른 이점이 없을 수도 있다. 또한 발전사업자의 입장에서도 생산한 전력을 기존 방식대로 한전에 판매하는 것이 훨씬 나을 수 있다. 제3자 PPA를 활용할 경우 부담할 비용이 추가되기 때문이다. 하지만 제3자 PPA는 원거리에 위치한 재생에너지발전소가 생산한 전력을 사용할 수 있으며 온실가스 감축 실적을 인정받을 수 있다는 장점이 있다. 따라서 입법 취지를 살리기 위해서 현행 제3자 PPA의 제도적 단점은 향후 개선될 필요가 있다.

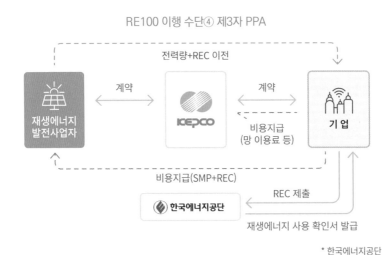

RE100 이행 수단④ 제3자 PPA

전력량+REC 이전

계약 　　　　계약

재생에너지 발전사업자 — KEPCO — 기 업

비용지급 (망 이용료 등)

비용지급(SMP+REC)

REC 제출

한국에너지공단

재생에너지 사용 확인서 발급

* 한국에너지공단

자체 건설 또한 K-RE100 이행 수단이다. 자가발전용으로 재생에너지발전소를 설치한 사용자는 생산한 전력을 자가 사용하고 발생한 공급인증서를 한국에너지공단에 제출하여 재생에너지 사용 확인서를 교부받을 수 있다. 자가발전은 K-RE100에서 녹색 프리미엄 요금제처럼 온실가스 감축 실적으로 인정받지 못한다. 하지만 K-RE100과 별개로, 즉 제도 밖에서는 온실가스 감축 실적을 인정받고 있다.

RE100 이행 수단⑤ 자체 건설

* 한국에너지공단

이 밖에 직접 PPA 방법도 참고해보자. 이는 K-RE100의 공식적인 이행 수단은 아니지만 RE100을 활용하는 재생에너지 공급사업자가 활용할 수 있는 유력한 방법이다.

관련 법안은 김성환 국회의원이 발의하여 2021년 3월 국회 본회의를 통과하였다. 여기에는 재생에너지 공급사업자가 기존 전력 시장을 거치지 않고 전기 사용자에게 전기를 공급할 수 있다는 내용이 담겨 있다. 이에 따라 2021년 10월 직접 PPA 시행을 골자로 하는 '전기사업법 시행령' 개정안이 국무회의에서 통과하여 재생에너지 전기공급사업제도가 시행되었다.

시행령에 따르면 재생에너지 발전사업자 또는 다수 재생에너지 발전사업자를 모아 집합 자원화한 사업자는 재생에너지 전기 공급사업자가 될 수 있다. 또한 공급받는 전력이 줄거나 사용량이 늘어 부족 전력이 발생하였을 때 전기 사용자는 전기 판매사업자(한전)뿐만 아니라 일정 요건을 갖춘 경우 전력 시장에서 직접 전기를 구매할 수 있게 하였다. 이때 소규모 전력 자원 설비용량 기준은 1MW 이하에서 20MW 이하로 확대되었으며, 이와 함께 전력 중개 사업 및 재생에너지 발전량 예측 제도가 활성화될 것으로 기대된다.

/ 8장 /

재생에너지 출력 제한으로
안정성을 높이다

재생에너지 출력 제한
시행 사례

　재생에너지 출력 제한이란 재생에너지의 공급 과잉이나 변동성이 발생하였을 때 전력 수급의 안정을 위하여 인위적으로 재생에너지 출력을 제한하는 것을 말한다.

　미국 국립재생에너지연구소(National Renewable Energy Laboratory, NREL)에 따르면 재생에너지 출력 제한을 하는 이유는 송전선로 혼잡, 수급 균형, 계통 안정도 확보 때문이다. 송전선로 혼잡의 경우는 송전망 건설 속도가 재생에너지 건설 속도보다 늦어지거나 노후화되었을 때 송전 가능 용량이 부족하여 발생한다. 이때 출력 제한을 통하여 일시적으로 재생에너지 공급을 중단하게 된다. 또한 심야 시간처럼 재생에너지는 많지만 부하가 적은 시간대에 수급 균형을 유지하기 위하여 출력 제한을 하기도 한다. 더불어 계통 전압 및 주파수에 변동이 생길 때도 출력 제한을 통해 안정도를 유지하게 된다.

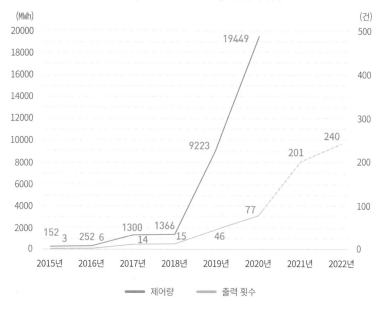

제주도 풍력발전 출력 제어량 및 출력 횟수

* 제주에너지공사, 2020 재구성

  실제로 2020년 제주도에서 풍력발전기 출력 제한이 일어나는 사례
가 발생하였다. 제주도의 전력 수요는 2020년 기준 5.7TWh로 순간 최
대 1GW, 최소 446MW, 연평균 646MW다. 그런데 제주 내 가용 설비는 이
보다 많다. 2021년 3월 기준으로 볼 때 제주에는 LNG 중앙급전발전
910MW, 태양광 448MW, 풍력 29MW 등이 있다.

  또한 육지에서 초고압직류송전(HVDC) 연계선[26]을 통하여 약 400MW
의 전력을 전송받을 수 있다. 이 때문에 2015년 152MWh에 불과했던 제
주도의 출력 제한은 2020년에는 19,449MWh로 늘었다. 제주의 재생에

너지 발전기가 전력 판매 대금으로 받는 수익, 즉 SMP+REC 가격을 161원/kWh로 계산한다면 2020년에만 31억 원의 손실이 발생한 셈이다.

제3 연계선을 연결한다고 하더라도 여전히 제주도는 출력 제한을 실시할 전망이다. 제주에너지공사의 자료를 분석한 결과 역송 불가한 전력량은 2023년 340GWh로 시작하여 2030년에는 2,502GWh에 이른다.

제주도의 육지로의 전력 역송량 및 발전 출력 제한 전망

연도	역송량	발전출력제약	
		역송불가	역송가능
2021	0	53	53
2022	0	139	139
2023	269	340	71
2024	444	689	245
2025	534	975	441
2026	628	1,391	763
2027	686	1,704	1,018
2028	723	2,021	1,298
2029	757	2,307	1,550
2030	764	2,502	1,738

* 제주에너지공사, 2020 재구성(단위: GWh)

제도 운영의
장단점

NREL에 따르면 다른 전력망 유연성 확보 방안과 비교해 볼 때 재생에너지 출력 제한은 비용 측면에서 중간 정도이며 개입 수준이 가장 낮은 방안으로 분류된다.

한국도 전력망 유연성 확보를 위해 결합 시장 작동, 부가서비스 유동성, 향상된 에너지 시장 설계, 화학적 전력 저장, 열 전환(P2H) 등을 수립 중에 있다. 비자발적인 부하 차단, 석탄발전 증가, 송전선로 확장은 실시하기 어렵고 송전 강화, 수력 및 양수발전 증설은 제한적이다. 이에 비해 재생에너지 출력 제한의 경우는 산업부와 한전이 재생에너지 공급 계약을 맺을 때부터 필요시 수행하겠다는 내용의 문구를 삽입하여 손쉽게 진행할 수 있다.

이 때문에 한국에서는 이미 출력 제한이 실시되고 있다. 앞서 살펴본 제주도의 풍력발전 사례 외에도 육지인 전남 신안에서도 태양광발전 출력 제한이 2021년 3월 16일, 22일 두 차례에 걸쳐 실시된 바 있다.

한국의 재생에너지 출력 제한 제도의 문제점은 출력 제한 방법이나 보상 기준이 없다는 점이다. 출력 제한 방법은 제주와 육지가 서로 다르다. 가령 제주에서는 발전기 A, B, C가 각기 다른 발전량을 보여도 동일한 감발률을 적용하였다. 반면 전남 신안에서는 가장 직접적으로 계통에 영향을 미치는 재생에너지 발전기를 차단하였다. 이러한 사실은 향후 출력 제한 방법에 관한 논의가 정책 과제로서 진전되어야 한다는 것을 시사하고 있다. 출력 제한의 보상에 대해서는 제주에너지공사와 에너지경제연구원, 전력거래소가 구상하고 있지만 아직까지는 도입 전이다.

제주에너지공사가 구상 중인 출력 제한 보상 방법

보상	손실
↓	↓
1일 전 시장가격+보조금	손실없음
1일 전 가격의 X%	(1-X)% X 1일 전 가격 + 보조금
1일 전 가격	보조금
양자 간 계약	계약가격
무보상	1일 전 가격+보조금

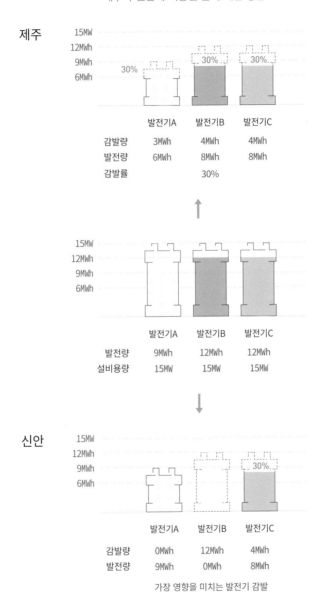

제주와 신안에 적용된 출력 제한 방법

제주

	발전기A	발전기B	발전기C
감발량	3MWh	4MWh	4MWh
발전량	6MWh	8MWh	8MWh
감발률		30%	

	발전기A	발전기B	발전기C
발전량	9MWh	12MWh	12MWh
설비용량	15MW	15MW	15MW

신안

	발전기A	발전기B	발전기C
감발량	0MWh	12MWh	4MWh
발전량	9MWh	0MWh	8MWh

가장 영향을 미치는 발전기 감발

/ 9장 /

영농형 태양광의 효율에
주목하다

농촌 태양광의
종류와 이슈

영농형 태양광에 대한 관심이 높아지면서 최근 늘어나는 귀농 가구의 기본 소득으로도 각광받고 있다. 이와 관련해서는 이미 20~21대 국회에 걸쳐 여러 의원들이 관련 법안을 상정한 상태이다.

영농형 태양광은 농촌 태양광의 하위 개념이다. 농촌 태양광은 농촌형 태양광, 영농형 태양광, 농업용 저수지 태양광으로 세분된다. 그 중 농촌형 태양광은 농지 가운데 영농 활동이 지속되지 못하는 휴경지나 유휴부지 등의 잉여 공간을 활용하여 농지를 태양광발전 시설 부지로 전용하도록 하는 형태다. 그리고 영농형 태양광이란 농지의 하부에는 영농 활동을 지속하며 상부에 일정 간격으로 태양광 모듈을 분산 배치하여 하부 농작물에 충분한 태양광이 조사될 수 있게 하는 태양광발전을 말한다. 마지막으로 농업용 저수지 태양광은 공공 소유 농업용 저수지 인근에 거주하는 지역 주민 또는 협동조합이 해당 저수지 수면에 태양광발전소를 설치하는 사업이다. 이 가운데 영농형 태양광이 관심을 모으는 이유는 농민의 소득 증진과 태양광발전 보급을 동시에 이룰 수 있다는 기대감 때문이다.

2021년 7월에 발표된 신재생에너지 공급의무화제도 REC 가중치에서는 영농형 태양광 항목이 반영되지 못하였다. 당초 농식품부에서는 시설 기준을 마련하여 공표할 예정이었는데 영농형 태양광 국회 입법이 지지부진하는 바람에 발표되지 못하고 있는 실정이다. 영농형 태양광 국회 입법이 지지부진한 이유는 일부 농민 단체가 농지는 농업용으로만 쓰여야 한다고 주장하고 있기 때문이다.

이러한 저항을 줄이기 위해 한국농촌경제연구원, 한국에너지공단, 산업부, 농식품부 등이 영농형 태양광 시설 기준을 정리해왔는데, 핵심은 차광률과 작물 감수율이다. 차광률은 영농형 태양광발전 설비에 의해 농지에 투여되는 빛이 차단되는 비율을 말한다. 한국에너지공단은 2018년에 영농형 태양광의 차광률을 30% 미만으로 발표한 바 있다. 작물 감수율은 논과 밭에 태양광발전 설비가 들어섬으로써 영향을 받는 소출량이다. 농식품부 등은 영농형 태양광이 설치된 논과 밭의 작물 감수율을 20% 미만으로 계산한 바 있다.

이와는 별개로 산업부는 2021년에 영농형 태양광에 해당하는 농작물을 발표하였는데 미곡, 맥류, 두류 등을 종류별로 정한 것이 특징이다.

영농형 태양광 시설 기준

① '18년 한국농촌 경제연구원	• 하부에서는 영농활동을 지속하며 농지의 상부에 일정 간격으로 태양광 모듈을 분산 배치하여 하부 농작물에 충분한 태양광이 조사될 수 있도록 하는 개념 • 농지의 기능을 훼손시키지 않고 농지를 보전할 수 있으며, 과잉 생산으로 문제인 쌀 생산량도 10~20% 조절 • 태양광 발전의 매전 수익을 통해 농업인의 안정적 영농활동도 지원할 수 있게 됨.
② '18년 한국에너지공단	• 농지에 농업을 지속하면서 태양광 발전 설비를 설치하여 농업과 발전을 병행하는 형태 • 차광률: 영농형 태양광 발전 모듈에 의해 농지에 투여되는 빛이 차단되는 비율(30% 미만) • 농식품부 관련 연구개발 결과 논, 밭 작물 감수율<20%
③ '21년 산업부	• 농업인 본인 소유의 농지에 태양광발전과 경작을 병행하는 사업 - 농작물 생육에 지장을 주지 않도록 설치하여야 함. • 발전소는 본인 ① 거주지(신청일 기준으로 주민등록 1년 이상)의 읍·면·동 또는 ② 연접한 읍·면·동 또는 ③ 거주지로부터 직선거리 5km 이내에 설치하여야 함. • 영농형 태양광 해당 농작물: 마곡(2), 맥류(4), 두류(4), 잡곡(3), 채소(24), 특용(3), 과실(8)
④ '21년 6월 농식품부(예정)	• 농촌재생에너지팀이 6월 영농형 태양광에 대한 시설 기준 마련·발표할 예정 • 기존 개념 정의와 시설 기준 대비 상당 폭 개정 가능성↑
⑤ '21년 6월 산업부(예정)	• 태양광발전을 포함한 재생에너지 가중치 다시 설정 중 • 영농형 태양광 전용 별도 가중치 발표 가능성↑

태양광 사업
관련 법안

　현행 법체계에서는 일반 농지 태양광 및 염해 농지 태양광('농지법'), 수상태양광 사업('공유수면법')을 진행할 수 있다. 일반 농지 태양광에서는 8년간 태양광 사업이 가능하다. 최초 5년, 연장 3년이 가능한데 태양광 모듈 수명이 20년 이상이기 때문에 경제성이 나오지 않아 실제로는 사업이 이루어지기는 어렵다. 염해 농지 태양광의 경우에는 20년간 태양광발전 사업이 가능하며 최초 5년 사업 시행 후 15년간 연장이 가능하다. 농업 진흥 구역의 경우는 염해 농지에서만 사업이 가능하다. 수상태양광은 계약 기간에 따라 다르지만 사업 기간이 통상 20년이다.

　태양광 사업이 가능한 장소는 거주지 인근이다. 농촌형 태양광은 농축산어업인 본인 거주지 인근이며, 농업용 저수지 태양광은 지역 주민이나 협동조합 인근 공공 저수지이다.

영농형 태양광 입법안에서는 태양광발전 사업의 범위를 확장하고 있다. 영농형 태양광의 입법을 추진한 의원은 박정, 김승남, 김정호, 위성곤, 이원택 의원 등이다.

그 가운데 2021년 12월 기준 김정호 의원('농지법' 일부 개정 법률안)과 위성곤 의원(농업인 영농형 태양광 발전사업 지원에 관한 법률안)의 입법안이 국회 상임위에 계류 중이다. 김정호 의원과 위성곤 의원의 경우 농업 진흥 구역 밖에서 영농형 태양광발전을 할 수 있게 규정한 것이 특징이다.

김정호 의원의 경우 입법안 제36조3의1에서 농업 진흥 구역으로 지정되지 아니한 자경 농지에 영농형 태양광발전 설비를 설치한다고 못박았으며, 위성곤 의원도 입법안 제3조에서 농업 진흥 구역 밖에 설치한다고 언급하였다. 위성곤 의원은 이 밖에 영농형 태양광발전 사업의 허가 기간을 23년으로 잡고 특구 지정(영농형 태양광발전 지구)을 덧붙였다. 농업 진흥 구역은 과거 '절대 농지'와 개념이 유사한데 일부 농민단체는 농업 진흥 구역 내 농지에서 태양광발전 사업을 진행하는 것에 반대하고 있다.

김승남 의원이 자신의 영농형 태양광발전 사업 입법안(영농형 태양광 사업 도입을 위한 '농지법' 일부 개정안)을 철회한 이유도 이 때문이다. 김 의원의 입법안은 농업 진흥 구역 내에서 영농형 태양광발전 사업을 진행할 수 있도록 짜여 있다. 김승남 의원안에 비해 김정호, 위성곤 의원안은 영농형 태양광발전 사업의 범위가 농업 진흥 구역 밖으로 좁혀졌으나 통과되면 태양광발전소 보급이 확장될 전망이다.

김승남 의원은 2021년 11월 4일 '영농형 태양광발전 사업 지원에 관한 법률안'을 다시 한번 발의하였는데 염해 부지에 설치하는 태양광발전은 영농형 태양광으로 제한하여 김정호, 위성곤 의원의 입법안과 반대로 태양광발전소 보급 확산을 제안하고 있다.

농식품부는 김승남 의원의 입법안과 관련하여, 염해 부지에 태양광발전 설치를 허용하는 이유는 일반 농지에 태양광발전을 허용하지 않기 위해서라며 김승남 의원의 입법안에 반대하는 입장인 것으로 알려졌다.

이원택 의원의 법률안('농어업경영체 육성 및 지원에 관한 법률' 일부 개정 법률안)의 경우도 마찬가지다. 이 의원의 입법안은 염해 간척지 중에 농사를 지을 수 없는 곳을 조사해서 태양광발전소 설치를 위한 임대 등을 허용하는 내용이다. 이 법안은 염해 부지의 태양광발전소 설치 장소를 '농사를 지을 수 없는 곳'으로 실질적인 제한을 두고 있는 것으로 분석되어 태양광발전소 보급 확산에 부정적인 영향을 줄 것으로 보인다.

농촌 태양광 사업과 관련법

내용	농지법	농지법 시행령	공유수면법
농지의 타용도 일시사용허가	제36조①. 4. 염해농지 태양광		
농지의 타용도 일시사용허가·신고기간		제38조①. 1. 다. 5년 이내 (최초 허가기간)	
		제38조②. 1. 나·2. 가. 염해농지 태양광 15년(연장 1회, 연장기간 3년)	
		제38조②. 1. 다. 가목 및 나목 외의 경우 3년(연장)	
농업진흥구역에서 할 수 있는 행위	제32조①. 9. (용도구역에서 행위제한)의 예외	제29조⑦. 　5. 법36조 및 법36조의2에 따른 농지의 타용도 일시사용 및 시설 　7. 태양에너지발전설비 　　가. 건축물 지붕 　　나. 공공기관이 소유한 건축물 지붕 또는 시설물	
공유수면의 점용·사용허가			제8조①. 1. 신재생에너지 신축·개축·증축 변경·제거

- **일반농지 태양광**: 8년(최초 5년+연장 3년) → 농지법 제36조②+농지법 시행령 제38조①.1.다+농지법 시행령 제38조②.1.다
- **염해농지 태양광**: 20년(최초 5년+연장 15년) → 농지법 제36조①.4+농지법 시행령 제38조①.1.다+농지법 시행령 제38조②.1.나
- **수상 태양광**: 계약기간에 따라 다르나 통상 20년 → 공유수면법 제8조①.1
- √ **농업진흥구역 태양광은 염해농지에서만 가능** → 농지법 제32조①.9+농지법시행령 제29조⑦.5+농지법 36조①.4

〈 발전소 주변 지역 지원에 관한 법률 〉
(정동만·김정호·이철규 의원 통합안)

- ☑ 발전소 주변지역 지원사업 신청에 대한 사항을 법률에 규정
- ☑ 지원사업 소요금액 결정기준을 주기적으로 재검토 위해 5년마다 대통령령으로 결정
- ☑ **송변전설비 주변지역의 보상 및 지원에 관한 법률(이철규 의원)**
  - 지역별 지원금 총액의 100분의 50을 넘는 주민지원사업 시행 가능하도록 함.

- ☐ **농지법(김승남 의원)**
  - 농지의 복합이용 개념을 도입하여 영농형 태양광 사업 촉진
- ☐ **농지법(김정호 의원)**
  - 농지의 복합이용 개념 도입(영농형 태양광 농지 이용 근거)
  - 농업진흥구역으로 지정되지 않은 자경 농지에 대해서만 허용
- ☐ **전기사업법(민형배 의원)**
  - 해상풍력사업 공급인증서 가중치 부여분을 주민조합에 배분할 경우 주민 의견 수렴 절차 생략
- ☐ **발전소 주변지역 지원에 관한 법률(김정호 의원)**
  - 전원개발사업 실시계획
  - 승인·전기사업용 전기설비공사계획 인가받은 사업자는 지체없이 산업부장관에 지원사업 신청해야 함.
- ☐ **새만금사업 추진 및 지원에 관한 특별법(이원택 의원)**
  - 새만금사업 지원 위해 공유수면 점용료·사용료 면제
  - 투자진흥지구 입주 국내 투자자·투자기업도 세제 지원 혜택

상황변화 에너지원이 원전, 석탄발전, LNG발전 → 신재생에너지로 확대 현상 반영
주민 수용성 제고 및 재생에너지 신속한 보급 위한 제도 마련

예상변화 ① 해상풍력의 주민 수용성 제고에 정부 지원
② 발전사업자 스스로 발전소 주변 지역 지원
③ 새만금지역 공유수면 사용 시 면제 및 세제 지원 혜택
④ 영농형 태양광 활성화

III 재생에너지 활성화를 위한 중장기 마스터플랜

/ 10장 /

분산에너지 시스템 정착에
힘을 쏟다

분산에너지 활성화
추진 전략의 배경

　세계의 주요 국가들은 탄소중립과 함께 분산에너지 활성화 대책을 수립하여 신속하게 추진하고 있다. 한국의 산업부 역시 2021년 6월 '분산에너지 활성화 추진 전략'을 발표하면서 재생에너지 등 분산에너지의 확대로 인하여 전력 공급 및 수요 체계가 변화하고 있다고 진단하였다. 그 발표의 배경을 살펴보자.

　신고리 5, 6호와 밀양 송전탑 갈등에서 볼 수 있는 것처럼 대규모 발전소 및 송전선로의 건설과 관련한 사회적 갈등이 표면에 드러나고 있으며 비용도 증가되었다. 따라서 수요지 인근에서 분산에너지를 활용하여 전력 수요를 충당하자는 요구가 높아졌다. 또한 VRE의 증가로 인해 전력 계통의 불안전성이 증가하면서 안정적인 전력 수급에도 차질이 생겼다. 이러한 상황에서 중앙집중형 수요-공급 시스템을 기반으로 하고 있는 현행 법령과 시장 제도에 대한 정비가 요구되었다. 현재는 하루 전에 시장에서 전력의 수요와 공급을 예상하고 결정하는 형태로 운영되지만, 만약 당일 기상 조건에 따라 재생에너지의 변동성이 확대될 경우 수급 불안정을 발생시킬 수 있다는 우려도 제기되었다.

주요 국가의 대처에 발맞추어 한국도 '제3차 에너지기본계획'을 통해 2040년까지 발전량의 30%를 분산에너지로 충당하겠다는 목표를 설정하였다. 그와 동시에 2050 탄소중립 목표, 국가 온실가스 감축 목표(NDC) 상향 등 변화된 정책 환경을 고려할 때 분산에너지 확대와 가속화는 필수적이라고 분석되었다.

그런데도 기존의 계통 관리 방식과 법체계에서는 분산에너지의 특성이 제대로 반영되어 있지 않다. 그동안은 송전망에 접속되는 대규모 발전소를 중심으로 급전·제어함에 따라 배전망에 연계되는 분산에너지가 상대적으로 조명받지는 못했던 것이 사실이다. 실제로 2021년 4월 기준으로 볼 때 전체 설비용량의 75%를 중앙 급전 석탄발전·원자력발전·복합화력발전소 335기가 차지하고 있다.

기존 '전기사업법'은 전국적 단위로 전력 체계를 규정하고 있어 개별 지역의 특성을 고려한 에너지 시스템 구축을 유도하기에 쉽지 않다. 전력 시장도 석탄발전·원자력발전소에 적합한 '하루 전 시장'을 중심으로 운영되고 있으므로 시시각각 변화하는 재생에너지 출력을 반영하기에는 한계가 있다. 현행 전력시장 운영규칙상 신재생에너지는 용량과 무관하게 평시 급전 지시를 받지 않는 비중앙 급전 발전기로 등록되어 있기 때문이다.

주요국의 분산에너지 확산 정책

국가	시기	내용
미국	2017.1	뉴욕주: 분산자원 도매 시장 참여 지원 로드맵
	2017.5	남가주: 분산자원 실행 계획
일본	2019.2	재해 발생 시 독립 운영 가능한 분산형 체계 구축 계획
호주	2019.2	분산에너지 수용성 확대 로드맵

이러한 점을 고려하여 산업부는 분산에너지 포럼 운영, 정책 연구 및 의견 수렴을 통하여 2021년 6월 '분산에너지 활성화 추진 전략'을 수립하였다.

산업부는 분산에너지를 '에너지 사용 지역 인근에서 생산·소비되는 에너지'로 정의하였다. '전기사업법' 제2조 제21호에는 분산에너지란 전력 수요의 지역 인근에 설치하여 송전선로의 건설을 최소화할 수 있는 40MW 이하의 모든 발전 설비 혹은 500MW 이하의 집단 에너지, 구역 전기, 자가용 발전 설비라고 규정되어 있다. 분산에너지에서 가장 중요한 개념은 '범위'라고 할 수 있다. 즉 수요지 인근에서 에너지의 생산·저장, 잉여 전력의 해소 등에 기여할 수 있는 자원인 것이다.

분산에너지 시스템의 특징은 전력 공급의 안정성을 제고할 수 있다는 것이다. 발전원을 분산화함으로써 중앙 계통에 문제가 발생하더라도 독립적인 에너지 생산·소비가 가능하기 때문이다. 또한 에너지 사용 지역 인근에 발전원이 설치되므로 장거리 송전망과 대규모 발전소 설치를 최소화할 수 있다.

이러한 장점들은 정부가 분산에너지의 확대를 적극적으로 추진하는 데 힘을 실어주고 있다. 이제 분산에너지 활성화를 위한 정책 과제와 추진 전략을 살펴보자.

기존의 에너지 시스템과 분산에너지 시스템 비교

	기존의 에너지 시스템	미래의 분산에너지 시스템
기본방향	대규모 발전소 기반 집중 발전	소규모 발전소 중심 분산 발전
	원거리 해안가 발전 → 수도권 내 소비	지역 내에서 에너지 생산·소비
인프라 (전력망)	선형 위주 전국적 네트워크	면적 위주의 마이크로그리드
	일방적 전력 계통 체계 *발전사업자→송배전사업자→소비자	프로슈머형 전력 플랫폼 기반의 양방향 계통 체계
전력거래	규모의 경제에 기반한 효율성 위주의 전력 시장	자가소비, 수요지 인근 거래 중심
	변동재생에너지 급전 난관	재생에너지 입찰 제도, 실시간 시장 등 재생에너지 관리 강화
에너지 분권	중앙 정부 주도의 중앙집중형 전력 체계 구축	중앙정부와 지방정부 간 협업 + 적극적인 주민 참여 체계

기본 방향과
정책 과제

분산에너지 활성화의 기본 방향 및 정책 과제는 크게 3단계로 나뉜다.

1단계는 '분산에너지 확대 기반인 전력 계통의 관리·수용 능력 강화'이다. 이 항은 다시 계통 인프라 구축을 통한 재생에너지 변동성 완화, 신규 유연성 자원 개발·도입을 통한 잉여 전력 해소, 에너지 슈퍼 스테이션을 통한 자가발전 충전 인프라 구축으로 세분된다.

2단계는 '유인 체계 마련 등으로 에너지 생산·소비의 분산화 확대'이다. 분산에너지 활성화 추진 전략으로는 에너지의 분산 편익 지원, 수요의 지역 분산을 통한 전력 소비 분산화, 재생에너지 자가발전의 유인, 마이크로그리드 기반 구축 등을 골자로 하는 방안을 제시한다.

3단계는 '분산에너지의 전력 시장 참여를 위한 친화적인 시장·제도 조성'이다. 구체적으로는 전력 시장 개편, 통합발전소 제도 도입, 배전계통 운영 제도, 분산에너지 특성을 고려한 기반 제도 마련을 들 수 있다.

1단계, 전력 계통의 관리·수용 능력 강화

분산에너지 확대 기반인 전력 계통의 관리·수용 능력 강화를 위해서는 세 가지 방안이 제시된다.

첫 번째는 계통 인프라의 구축을 통한 재생에너지 변동성 완화이다. 이와 관련하여 산업부는 2019년 12월부터 2024년 11월까지 198억 7천만 원의 예산으로 신재생에너지 전원 확대와 전력 계통 안정화를 위한 재생에너지 통합관제시스템(Renewable Management System, RMS)을 구축할 예정이다.

RMS는 출력 변동성이 높은 신재생에너지에 대한 종합적인 모니터링 시스템을 구축할 필요성이 대두된 결과이다. 구체적으로는 2025년까지 이미 구축된 500kW(제주 100kW) 이상의 신재생에너지 발전기에 정보 제공 장치를 구축하여 신재생에너지 발전기에 대한 모니터링 기반을 마련한다. 또한 신재생에너지 발전기에 대한 자동적인 출력, 전압 제어가 가능하며 사고 시 계통 연계 유지 기능을 갖춘 스마트인버터의 기술을 개발하고 설치 의무화를 검토할 예정이다. 여기서 계통 연계 유지 기능이란 계통 사고 시 발생하는 비정상 전압 및 주파수를 정상 범위로 회복하기 위해 운전을 유지하는 기능이다.

아울러 공공 주도 에너지저장장치(ESS)도 구축할 계획이다. ESS는 재생에너지 변동성 완화에 필요한 백업 설비 인프라로서 속응성이 높아 즉각적인 동작이 가능하므로 재생에너지 출력 변동성 완화에 매우 효과적이다. 실제로 전력 설비의 응동 시간은 LNG가 60~120분, 석탄은 6~10시간이지만 ESS는 단 0.3초에 불과하다. 따라서 정부는 초기에 ESS를 보급하기 위하여 REC 가중치 5.0을 부여하였다. 하지만 잇따른 화재로 인하여 중단하게 되었고 이후 공공 주도 ESS 구축 정책으로 전환하여 한전이 ESS 보급을 담당하고 있다.

이 공공 주도 ESS 구축 사업은 재생에너지 확대에 따라 계통의 불안정성이 가시화되는 지역부터 시작할 전망이다. 먼저 2021년에는 393억 원의 예산으로 제주 지역에 재생에너지 150㎿ 추가 수용이 가능한 계통 안정화 ESS 23㎿h를 구축하게 된다. 또한 재생에너지 변동성 대응을 위해 예비력 확보 차원의 빠른 동작형(1분 이내) 백업 설비 1,265㎿h를 구축할 예정이다. 이 사업을 통해 2022년에서 2023년까지 1조 1,202억 원의 예산을 투입해 신남원변전소 등 예비력 확보가 필요한 지역에 변전소 12개를 설치한다. 이어서 2023년부터 2025년까지는 3,100억 원의 예산을 투입하여 재생에너지 수용 증대 ESS도 설치할 예정이다. 즉 재생에너지 집중 지역인 신안 등의 공용 송전망 과부하 지역에 ESS 500㎿h를 설치함으로써 재생에너지 계통 수용 능력을 확보한다.

두 번째 방안으로서 산업부는 신규 유연성 자원 개발·도입을 통한 잉여 전력 해소를 모색하고 있다. 이른바 전력－비전력 부문 간 결합(Sector-Coupling, 이하 '섹터 커플링')인데 산업부는 2021년 6월 30일 '분산에너지 활성화 추진 전략'을 발표하면서 이를 소개했다.

섹터 커플링은 발전 부문의 잉여 전력을 열(P2H), 가스(P2G), 운송(V2G) 부문의 에너지와 결합하여 필요한 경우에는 상호 전환하여 활용하는 기술이다. 독일 경제에너지부는 섹터 커플링 과정에서 에너지 소비 구조가 변화되면서 에너지 소비 절감 및 전력 수요의 증가 폭이 최소화할 것이라고 보았다. 독일은 2017년 12월 기준으로 5㎿ 이상의

P2H 플랜트 25기, 1MW 이상의 P2G 플랜트 8기가 건설되어 운영 중이다. 덴마크의 경우는 지역난방 시스템이 보편적으로 보급되어 있는 상황이며 CHP(열병합발전)와 P2H를 활용한 전기보일러 운영을 통해 전력 시장 유연성을 확보하였다.

섹터 커플링 과정에서의 에너지 소비 구조 변화

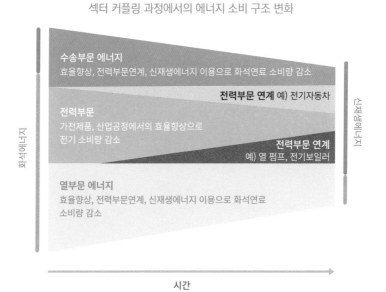

여기서 몇 가지 개념을 알아보자. 먼저 P2H란 열 부문 전환(Power to Heat)을 뜻하는데 전력을 열에너지로 전환하는 기술이다. 재생에너지 잉여 전력을 전기보일러·히트펌프 등을 활용하여 열에너지로 전환하고 이를 난방 사용자에게 공급하거나 축열조에 저장하는 것이다.

P2H 활용 예시

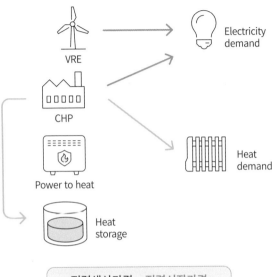

전력생산가격 < 전력시장가격

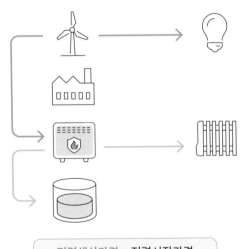

전력생산가격 > 전력시장가격

P2G의 경우는 수소 부문 결합(Power to Gas)의 약자로서 전력을 수소 등의 가스 형태로 전환하는 기술이다. 즉 잉여 전력으로 물을 분해하여 수소(H_2)로 전환하거나 수소를 이산화탄소(CO_2)와 반응시켜 메탄(CH_4) 등의 형태로 전환하는 것이다. P2G를 도입하면 재생에너지의 잉여 전력을 수소차와 같은 수소 분야 에너지 또는 연료전지와 가스터빈 등의 발전 분야 에너지로 전환하여 활용할 수 있다.

이 밖에 V2G, 플러스 DR이라는 개념도 있다. V2G란 수송 부문 결합(Vehicle to Grid)으로 전기차에 탑재된 배터리를 ESS로 활용하는 기술이다. 전기차의 배터리를 계통과 연계하여 충·방전할 수 있도록 활용하여 전기차가 이동하는 발전소 역할을 수행하는 것이다. 그리고 플러스 DR은 잉여 전력을 사용하는 소비자에게 정산금을 지급하는 제도이다.

세 번째 방안은 에너지 슈퍼스테이션을 활용하여 자가발전 충전 인프라를 구축하는 방법이다. 이는 좌초자산화가 우려되는 주유소를 전기차 충전 인프라로 활용하는 사업이다. 다만 이 방안은 충전 수요의 증가로 인하여 계통 부담 발생 가능성이 크다는 단점이 있다. 350kW 이상 초급속 충전기 1,500대를 보급하기 위해서는 석탄발전소 1개(약 525MW)가 필요하기 때문이다.

산업부는 주유소 내 또는 인근에 태양광·연료전지 등 분산 전원을 설치하여 전기차 충전에 필요한 전력 일부를 자체적으로 공급할 계획이다. 그리고 향후 인근 지역의 태양광, 연료전지, DR 등의 분산에너지를 모집하여 통합발전소(VPP)를 거쳐 전력 시장 또는 소비자와 직접 거래를 추진할 예정이다.

P2G 활용 예시

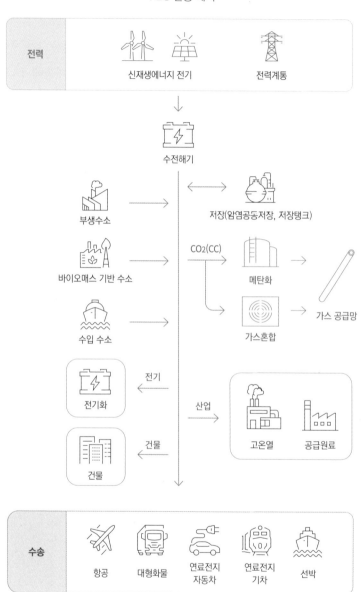

전력	신재생에너지 전기 전력계통

수전해기

부생수소

바이오매스 기반 수소

수입 수소

저장(암염공동저장, 저장탱크)

CO₂(CC)

메탄화

가스혼합

가스 공급망

전기화 ← 전기

건물 ← 건물

산업 → 고온열   공급원료

수송	항공 대형화물 연료전지 자동차 연료전지 기차 선박

2단계, 분산에너지의 생산·소비 확대

산업부는 유인 체계 마련 등을 통한 에너지 생산·소비의 분산화 확대 정책 과제와 관련하여 다시 네 가지 방안을 제시한다.

첫 번째는 분산 편익을 지원하여 분산에너지의 생산을 확대하는 방법이다. 지역난방 집단 에너지는 송배전망 투자 회피 편익을 창출하고, 재생에너지 연계형 ESS는 계통 안정화에 기여하는 편익을 만들어 낸다. 하지만 지금까지 분산 편익에 대한 시장·제도적 보상은 제대로 갖추어지지 않은 상황이었다.

따라서 산업부는 설비용량 500MW 이하의 LNG 지역난방 열병합발전 설비의 전력 판매량, 계통 투자 회피 규모, 발전 효율 등을 종합적으로 고려하여 송배전망 투자 회피 편익을 지원할 계획이다. 그리고 재생에너지 발전량 예측 제도 또는 재생에너지 입찰 제도에 참여하는 재생에너지 연계형 ESS(태양광, 풍력 한정)의 설치 규모, 계통 안정화 기여도 등을 종합적으로 고려하여 편익을 지원하게 된다. 가령 재생에너지 발전량 예측·입찰 제도 참여율, 미국 등 주요 시장 내 ESS 기여도 등을 고려하여 보조서비스 시장 개설 전까지 한시적으로 편익을 지원한다는 계획이다.

두 번째 방안은 수요의 지역 분산 유도를 통한 전력 소비의 분산화이다. 예를 들자면 전력 수요 집중 지역에 대규모 수요가 추가되면 계통 포화가 우려되는데, 이 계통 포화를 완화하기 위해서는 신규 송전선로 증설, 발전 설비 투자 등이 필요하다. 하지만 국민들의 수용성이 낮아 양적 확대에는 한계가 있으므로 산업부는 신규 대규모 전력 수요의 지역 분산을 유도하는 사업을 전개할 계획이다.

구체적인 내용을 살펴보면 우선 전력 계통 정보 공개 시스템을 구축하고 대규모 사용자에 입지 컨설팅을 제공하여 입지 선택 시에 계통 고려를 유도한다. 동시에 수도권 등 전력 수요 밀집 지역을 지정하고 전력 계통 영향 평가를 진행한다. 그리고 전력 수요 밀집 지역 외의 지역에 입주할 경우에는 수전용 송전 설비 구축 비용을 일부 지원하고 한시적 특례 요금 등 인센티브 지원을 검토할 예정이다.

세 번째는 재생에너지 자가발전 유인책을 통한 자가소비 확대 방안이다. 자가소비가 확대되면 전력망 과잉 투자를 피할 수 있으며 발전원이 분산됨에 따라 에너지 시스템의 안정성을 높일 수 있다. 따라서 산업단지 등 전력 수요 집중 지역의 자가 사용 전력량(단, 판매 불가)에 한해 인센티브를 부여하는 방안을 추진할 예정이다. 산업부는 산업단지를 대상으로 우선 시행한 후에 보급 속도를 평가하여 추가 확대해 나갈 계획이다.

네 번째 방안은 마이크로그리드 기반 구축을 통한 지역 내 생산·소비 체계 마련이다. 즉 지역 내에 생산·소비 체계를 마련하여 에너지 생산·소비의 분산화를 확대한다는 것이다. 분산에너지 시스템으로 나아가기 위해서는 마을 단위로 독립적이고 자율적인 전력망 운영·관리 능력을 높일 필요가 있다. 따라서 마을 단위의 개방형·독립형 전력 플랫폼을 개발·운영하는 계획이 수립되었다. 실행 방법은 크게 3가지이다. 기초지자체 중심의 마을 단위 마이크로그리드 기반을 조성하고, 프로슈머 기반의 개방형 전력 플랫폼을 개발·운영하며, 지자체가 지정한 지역 단체를 통해 실증사업을 교육·운영·평가하는 내용이다.

자가용 설비 대상 REC 발급 기대 효과

구분	(현행) REC 미발급	(개선) REC 발급
활용도	전력 소비 피크 저감에 일부 활용	잠재량 활용 및 자가소비 극대화
사용자 편익	산업용 전기요금 수준의 부담 절감	REC만큼의 추가 편익 발생
계통 편익	전력망 보강 비용 일부 절감	전력망 보강 비용 절감 효과 큼

3단계, 분산에너지 친화적인 시장·제도 조성

분산에너지 활성화 추진 전략의 3단계인 분산에너지의 전력 시장 참여를 위한 친화적인 시장·제도 조성을 위해서는 네 가지 방법이 제시된다.

첫 번째는 전력 시장 개편을 통한 분산에너지 시장 참여 유도인데, 이는 분산에너지 확산을 위해서는 시장 및 제도 정비도 필수적이기 때문이다. 최근 태양광·풍력 등 VRE가 증가하면서 계통 불안정이 우려되고 있는 상황이다. 이에 분산에너지를 시장 메커니즘으로 관리할 수 있도록 전력 시장을 개편하고 있다. 구체적인 실천 방안으로는 신재생에너지 발전량 예측·입찰 제도 도입, 실시간·보조서비스 시장 도입을 들 수 있다.

먼저 신재생에너지 발전량 예측 제도는 사전에 계획한 발전량을 예측하여 제출하고 이를 이행했을 경우 SMP 외 추가적인 인센티브를 지급하는 방안이다. 특히 발전량 오차율이 8% 이하일 경우에는 발전량에 3~4kWh의 정산금을 지급함으로써 예측률을 높일 수 있도록 독려한다. 또한 신재생에너지 발전량 입찰 제도는 20MW 초과 신재생에너지 발전기를 중앙 급전 자원으로 등록하여 발전량 입찰·용량 요금을 지급하고 출력 제어에 대한 기회비용을 보상하는 방법이다.

실시간·보조서비스 시장 도입도 추진한다. 실시간 시장은 전력 시장의 실제 수급 여건을 보다 정밀하게 반영하여 정확한 전력 가치를 산정·보상하는 방식이다. 시장 가격은 기존의 1시간 단위에서 5~15분 단위로 단축하여 결정하게 된다. 보조서비스 시장은 전력 품질과 신뢰도 유지에 기여한 유연성 자원의 적정 가치를 보상하는 시장이다. 보조서비스 시장에는 ESS, DR 등 신규 유연성 자원이 참여하며 석탄, LNG 등의 기존 전원과 경쟁하여 예비력의 용량 가치 등에 대해 보상받게 된다.

두 번째 방안은 통합발전소 제도 도입을 통한 재생에너지 관리 능력 제고이다. 다수의 분산에너지가 등장함에 따라 여러 곳에 흩어진 분산에너지를 통합·관리하는 주체가 필요하게 되었다. 이에 대한 방안으로 산업부는 분산에너지를 통합하여 시장에 참여하는 통합발전소 제도의 도입을 추진한다.

기존의 석탄·원전 등의 대규모 발전소와는 달리 분산에너지는 다수의 발전사업자가 소규모로 산재하여 급전 지시 없이 발전하는 형태이다. 2021년 4월을 기준으로 할 때 한국 전체 설비용량의 76%를 원자력, 석탄, 복합화력발전소 366개가 차지하고 있다. 하지만 VRE의 경우에는 2019년에 이미 태양광발전 30만 개, 풍력발전 약 103개에 이르렀다.

이렇게 산재하여 있는 분산에너지를 관리하기 위해 소규모 전력 중개사업제도가 추진되었으나 그 역할은 아직까지 제한적이다. 이에 산업부는 신재생에너지 입찰 제도 도입과 병행하여 일정 규모 미만의 재생에너지는 통합발전소를 통하여 전력 시장에서 거래하도록 규정할 예정이다. 통합발전소는 '전기사업법'상 발전사업자로 의제하되, 일정한 자본·설비·인력 등을 갖춘 검증된 사업자에게만 허가된다. 중장기적으로는 DR·P2G·V2G·ESS 등 다양한 유연성 자원까지 포괄하여 에너지 시장에서 거래할 수 있도록 유도할 예정이다.

세 번째 방안은 배전 계통 운영 제도를 통한 지역별 관리 체계 마련이다. 이때까지 계통운영자(TSO)는 송전망에 연계되는 석탄·원전 등 소수의 대규모 발전소 위주로 관리하여 계통 안정성을 유지하였다. 하지만 배전망에 연계되는 분산에너지가 증가하는 상황에서 배전망을 스마트하게 관리하는 배전망운영자(DSO)와 이를 감독하는 감독 체계가 필요하게 되었다.

DSO란 배전망에 연계되는 분산에너지에 대한 능동적인 제어, 그리고 급전과 시장 운영 등을 담당하는 운영자를 말한다. 주요 역할은 ICT 기반의 자동 제어 및 원격 관리를 통한 효율적인 배전망 운영, TSO와의 협업을 통한 체계적인 관리를 들 수 있다. 즉 TSO의 지시를 단순하게 이행하는 것이 아니라 지역 내의 분산에너지에 대한 최적의 급전 방안과 계통 운영 계획을 자율적으로 수립하여 이행하는 것이다. 하지만 전문가들은 기존의 DSO인 한전이 배전망의 유지·보수에만 집중하여 능동적 제어는 미흡한 것으로 판단하였다. 따라서 분산에너지에 대한 스마트한 제어·관리를 수행하는 DSO를 도입할 예정이다.

이에 따라 DSO는 TSO인 전력거래소 중심의 시장 운영 체제 하에서 분산형 전원의 운전 제약 조건을 검증하여 지역 단위 내 제어와 급전을 시행한다. 이때 DSO가 수익과 관계없이 공정하고 중립적으로 망을 운영해야 하기 때문에 이와 관련한 감독 체계도 마련할 계획이다.

네 번째 방안으로 지역별 송배전 이용 요금제를 통한 분산형 망 요금 마련도 고려하고 있다. 즉 지역 내 계통 현황을 반영한 망 이용요금으로 입지 신호를 제공하여 발전원의 분산을 유도하고, 망 이용자 간 교차 보조를 최소화하는 것이다. 현재 지역별 송전 이용요금은 존재하지만 전국을 4개 권역으로만 구분하여 구체성이 미흡한 상황이다. 게다가 송전 이용요금은 발전과 수요가 동일한 비중으로 부담하도록 설계되었으나, 2001년 12월 발전사업자에 대한 망 요금 부과 유예 결정으로 인해 수요측만 부담하고 있다. 또 RE100 등으로 전력 시장 외 거래(제3자·기업 PPA)의 증가가 예상되고 있지만 이를 반영한 망 요금이나 시장 내 거래와의 형평성에 대한 고려는 미흡한 실정이다.

이에 산업부는 지역별 특성을 반영한 망 이용 요금제를 개발할 계획이다. 발전 부문의 경우 중장기적으로 지역별 에너지 가격, 지역별 계통 상황 등을 반영한 송배전망 요금제를 추진한다. 또 장외 고객을 대상으로는 전력 시장 내 고객과 전력 시장 외 고객인 제3자·기업 PPA 간의 형평성을 고려한 망을 마련할 계획이다.

분산에너지 활성화의
추진 전략

　지금까지 살펴본 정책 과제들을 효율적으로 추진하기 위해 산업부는 분산에너지 특성을 고려한 기반 제도를 마련할 계획이다. 이는 크게 분산에너지 활성화 특별법 제정, 분산에너지 특구 지정의 두 가지로 나누어 볼 수 있다.

　그중 분산에너지 활성화 특별법은 중앙집중형 공급 방식을 기반으로 한 기존 에너지 관련 법·규정, 제도, 시장을 정비하기 위해 제정되며 이를 통해 분산에너지 확산을 이끌어갈 것으로 기대된다.

　다른 하나는 분산에너지 특구 지정을 통한 지역 단위의 실증 추진이다. 분산에너지 체계를 구축하기 위해서는 기존 중앙집중형 에너지 시스템의 제도와는 다른 VPP·DSO·전력거래특혜제도의 실증이 필요하다. 이를 위하여 기존의 규제 완화 제도가 고려하기 어려운 '지역 단위의 에너지 실증'이 가능한 특구 제도를 도입할 계획이다. 기존에도 규제샌드박스, 규제자유특구 제도가 있지만 개별 기업에만 적용(규제샌드박스)되거나 열거 방식(규제특구)으로 규정되어 지역 단위의 포괄적인 에너지 제도 실험에 애로가 있다. 따라서 이를 해결하기 위해 특별법에 분산에너지 특구 제도의 근거를 마련하였다.

분산에너지 활성화 특별법 주요 내용

구분	주요 내용
① 분산에너지 활성화 기본계획	• 중장기 정책 목표 및 방향, 분산에너지 보급량, 투자의 확대를 위한 재원 조달 계획, 기반 조성에 관한 사항 등의 기본계획
② 통합발전소(VPP) 사업	• 통합발전소 사업에 대한 허가 요건 규정, 타 에너지사업자와의 거래 관계 등
③ 전력 계통 영향 평가	• 대규모 전력 수요 입지 결정 시 전력 계통에 미치는 영향 평가 실시
④ 분산 편익 지원 제도	• 지역난방 집단에너지, 재생에너지 연계형 ESS 등의 분산 편익(송변전·변동성 편익)에 대한 보상 지원 근거
⑤ 분산에너지 사용 의무화	• 일정 규모의 에너지 다소비자에 대하여 필요 전력의 일정 비율을 분산에너지로 확보하도록 규정
⑥ 배전망 관리 및 배전 감독 체계 마련	• 배전 단위의 발전기에 대한 감시·예측·평가·제어 등을 추진하는 배전사업자의 의무를 규정, 배전망 운영·설치의 중립성 확보 등
⑦ 분산에너지 실증 특구 지정	• 분산에너지 보급 확대 및 계통 안정화를 위하여 DSO·VPP 등 혁신 제도를 실증할 수 있는 지역을 지정, 전력 거래 특례 부여 등
⑧ 분산에너지 개발 및 보급 확산을 위한 기반 조성	• 전문 인력 양성, 분산에너지 사업 관련 표준화, 분산에너지 통계 작성, 분산에너지 관련 기술 개발, 종합 정보 관리 시스템 구축·운영, 분산에너지 지원센터 지정 등

대표적인 규제 현황 및 특례 예시

구분	기존	규제 특례
전기사업법 제7조	동일인에게 두 종류 이상 전기사업 허가 불가(발전사업자 판매 금지)	분산에너지사업자에게 두 종류 이상 전기사업 허가(발전 및 판매 가능)
전기사업법 제31조	전력 시장을 통해서만 전력 거래 가능	생산자-소비자 간 자율적 전력 거래 허용
전기사업법 제32조	전기 사용자는 전력 시장에서 전력 직접 구매 불가	전기 사용자 전력 직접 구매 허용 및 자유로운 요금제 설계

이처럼 분산에너지 특구는 VPP·DSO 등 분산에너지 활성화에 필요한 제도를 실증하는 지역이다. 주요 내용을 살펴보면 먼저 VPP–DSO 간 관제 정보, 전력망 현황, 입찰 계획 등 정보 연계와 공유를 위한 협조 체계를 구축한다. 또한 전기·가스·열 등 다수 기관이 관리하는 에너지 데이터를 통합·분석하여 VPP 사업자에게 필요한 정보를 제공하는 플랫폼의 실증을 병행한다. 아울러 전력 거래 특례, 발전·판매 겸업 허용 등 특구 지역에 대한 '전기사업법' 규제 적용을 완화하여 전력 신사업 활성화를 도모할 계획이다.

분산에너지 활성화 추진 전략의 비전 및 방향

수요지 인근에서 저탄소에너지를 스마트하게 생산·소비·거래하는 분산에너지 시스템 구축
분산형 전원 발전 목표: ('25)17.0% → ('30)19.0% → ('40)30.0%

기본방향

인프라 전력계통의 관리·수용 능력 강화	생산·소비 분산에너지의 생산·소비 확대	시장 분산에너지 친화적인 전력시장·제도 조성

정책과제

[1단계] 분산에너지의 확대 기반인 전력계통의 관리·수용 능력 강화
① 계통 인프라 구축을 통한 재생에너지 변동성 완화
② 신규 유연성 자원 개발·도입을 통한 잉여 전력 해소
③ 에너지 슈퍼스테이션을 통한 자가발전 충전 인프라 구축

[2단계] 유인체계 마련 등으로 에너지 생산·소비의 분산화 확대
① 분산 편익 지원을 통한 분산에너지 생산 확대
② 수요의 지역 분산 유도를 통한 전력 소비의 분산화
③ 재생에너지 자가발전 유인책을 통한 자가소비 확대
④ 마이크로그리드 기반 구축을 통한 지역 내 생산·소비 체계 마련

[3단계] 분산에너지의 전력시장 참여를 위한 시장·제도 조성
① 전력시장 개편을 통한 분산에너지 시장 참여 유도
② 통합발전소 제도 도입을 통한 재생에너지 관리 능력 제고
③ 배전계통 운영제도를 통한 지역별 관리체계 마련
④ 지역별 송배전 이용요금제를 통한 분산형 망 요금 마련

추진전략

특별법 제정 (~'22)	→	분산에너지 특구 지정·혁신 제도 실증 (~'23)	→	분산에너지 친화적인 에너지 시스템 확산 (~'24)

11장

제9차 장기 송변전설비계획을
수립하다

전력 수요와
전력 생산의 불균형 해소

「2020년 지역에너지통계연보」에 따르면 권역별 재생에너지 발전 1위는 호남권으로 발전 비중이 32%, 발전량은 9,297GWh에 이른다. 이는 2위인 충청권의 발전 비중 18%, 발전량 5,269GWh를 월등히 앞서는 수치다. 이에 비해 대규모 전력 소비처인 수도권의 재생에너지 발전 비중은 10%, 발전량은 2,918GWh에 불과하여 대조를 이룬다.

송갑석 의원은 호남권의 경우 2019년 대비 재생에너지 3020 목표를 초과 달성하였다고 밝혔다. 그에 따르면 2019년 전력 소비량 대비 신재생에너지 발전량 비중은 전국 평균이 9.8%, 동남권은 3.9%, 수도권은 2.55%에 불과하지만 호남권은 26.2%, 제주권은 51.3%를 기록하였다. 호남권과 제주권은 재생에너지 출력 제한을 한차례 이상 시행한 경험이 있는 지역으로 신재생에너지 발전량 비중이 지역에 부담이 되고 있다.

'제9차 장기 송변전설비계획'은 전력 수요와 전력 생산의 불균형을 계통 측면에서 해소하기 위한 내용을 담고 있다. 변전소 및 송전선로의 용량 증대와 초고압직류(HVDC) 시설의 준공 등을 통하여 호남에서 수도권으로 북상하는 전력량을 늘린 사례가 대표적이다. 기간은 2020년에서 2034년까지 15년간이며 '전기사업법' 제25조(전력수급기본계획의 수립), 제27조(송전사업자 등의 책무)에 근거해 한전 이사회 의결을 거쳐 전기위원회 심의·확정의 절차를 밟아 수립된다.

장기 송변전설비계획의 수립 절차

지역별 전력 수요 전망
전국을 6개 권역, 42개 지역으로 세분 비동시 및 동시 최대 전력 전망

계통해석 DB 구축 및 시나리오별 대안 검토
기술성(과부하, 고장용량, 안정도 등) 및 경제성(대안별 장단점 분석 등) 검토 시행

장기 송변전설비계획(안) 수립
송변전 설비 세부계획(초안) 수립 및 관련부서 의견 수렴 후 이사회 의결

장기 송변전설비계획 확정
전기위원회 심의·확정

'제9차 장기 송변전설비계획'의 방향은 크게 네 가지로 요약할 수 있다. 전력 계통 신뢰도 확보 및 송변전 설비 적기 확충, 재생에너지 적기 연계를 위한 계통 수용 능력 확대, 송변전 설비 건설의 사회적·환경적 수용성 제고, 재생에너지 변동성 보완 및 계통 불확실성 대비 안정화 방안 수립이다.

특히 대규모 재생에너지단지의 적기 접속을 위한 설비계획을 수립하고 지역 소규모 재생에너지의 원활한 접속을 위하여 선제적으로 계통 보강 체계를 마련하였다. 계통 여유 정보의 공개 범위를 확대하여 수요와 재생에너지 등 발전 설비의 분산을 유도한 것도 특징이다. 재생에너지 확대, 전력 설비 건설 불확실성 심화, 수요 편중, 지중화 증가 등으로 인한 전압 불안정에 대해서는 유연송전시스템 설치 등의 대책도 마련하였다. 더불어 발전 제약 완화 및 계통 신뢰도 유지를 위한 계통 안정화 ESS를 확대하여 한국의 재생에너지가 직면하고 있는 계통 관련 문제를 해결하고자 하였다.

우선 배전선로에 존재하는 최소 부하, 즉 주택이나 사업 시설 등에서 상시 사용하는 최소 전력을 고려한 설비 운영 개념을 도입하였고, 이를 통해 변전소 및 배전선로 증설 없이 재생에너지 접속 용량을 확대하는 방안을 수립하였다. 즉 최소 부하를 고려한 재생에너지 추가 접속 적정 용량을 검토한 후 배전선로 현장 실증을 거쳐 최소 부가가 1MW를 초과하는 경우에는 배전선로별 재생에너지 접속 허용 용량을 기존 12MW에서 13MW로 확대하는 기준을 마련하였다. 또한 재생에너지 장기 접속 지연 중인 변전소의 경우 최소 부하를 고려하여 재생에너지 접속 허용 용량을 200MW에서 평균 215MW로 상향하였다.

이에 따라 2021년 9월 15일부터는 변전소 및 배전선로 보강 없이 재생에너지 317㎿를 추가로 접속할 수 있게 되었다. 따라서 변전소 최종 규모에 도달할 경우, 접속 용량이 변전소 전체 접속 가능 용량을 초과하고 계통 여건상 문제점이 없다면 변전소별로 22.9kV 접속 가능 용량을 별도로 산정하여 적용이 가능하다. 다만 이때 변전소 최소 부하, 발전기 최대 이용률, 주변압기 상정 고장 및 역률 등을 고려하게 된다.

이 외에도 변전소 주변압기 용량 증설과 추가 설치, 배전선로 보강 등을 통하여 307㎿ 규모의 접속 지연을 해소하고 2022년 12월까지 총 624㎿에 대한 계통 접속을 추진할 계획이다. 여기서 용량 증설이란 기존 주변압기 용량인 60MVA보다 큰 대용량 80MVA 변압기를 도입하는 것을 말한다. 또한 주변압기 추가 설치는 변전소 부지 내 주변압기 설치 기준을 기존 4대에서 5대로 증설하는 것을 의미한다.

한전은 이러한 노력을 통하여 2022년까지 1.6GW를 추가로 해소하고 변전소 신설 및 추가 접속(0.8GW) 방안을 마련하여 2021년 9월 기준 접속 대기 중인 3GW를 전량 해소하겠다고 발표하였다.

제9차 장기 송변전설비계획의
주요 내용

'제9차 장기 송변전설비계획'은 전국 수요를 6개 권역, 42개 지역으로 구분하고 지역별로 비동시 최대수요 예측모형을 활용하여 지역별 수요를 예측하였다.

또한 전국 수요 증가의 둔화라는 전망에도 불구하고 국지적으로 개발 수요가 증가하는 주요 산업단지·택지지구 등의 전력 공급을 위해 신규 사업을 반영하기도 하였다.

재생에너지 계통 연계 설비계획도 눈여겨볼 만하다. 주요 내용은 대규모 해상풍력 공동접속설비 도입을 위한 유관기관 협업 강화, 선제적 계통 보강을 위한 재생에너지 송변전설비계획 수립, 전력망 중립성 강화 등 세 가지로 요약된다. 세부 내용을 살펴보자.

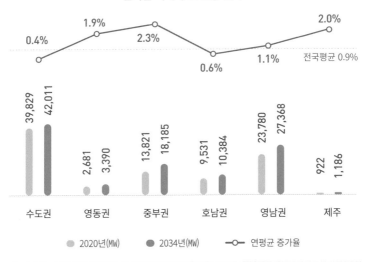

권역별 최대 수요 전망 결과

- 수도권, 중부권, 제주는 인구 유입 및 산업단지 개발 등으로 수요 증가 예상
- 영동권, 호남권, 영남권은 인구 감소 및 개발지구 수요 공급 완료로 수요 증가 둔화 예상

제9차 장기 송변전설비계획의 신규 사업

구분	변전소명	사업 목적
345kV	신장수	장수·진안 지역 취약 계통 보강
	신목감	광명·시흥 R&D 산업단지 등 전력 공급
	신동탄	경기 화성·용인 지역 등 전력 공급
	신광적	경기 북부 지역 등 전력 공급
154kV	평내 등 28개	지역별 신규 부하 증가 대비 전력 공급

첫 번째로 재생에너지 개별 접속 시 국토의 난개발을 방지하기 위해 유관기관 간 협업을 통한 공동접속설비 제도가 마련되었다. 이는 국토의 효율적 이용을 위해 다수 고객이 공동접속설비를 구성하여 연계하는 방식이다. 지자체·사업자 주도로 계통 여건을 고려한 대규모 해상풍력 집적화단지를 선정하며, 공동접속설비·공용망 보강 등의 세부 방안이 마련된다. 해상풍력 집적화단지의 규모는 서남해 2.4GW, 신안 8.2GW, 여수 6GW, 울산 6GW이다.

두 번째로 선제적 계통 보강을 위하여 지역 단위 재생에너지 예측을 통한 송변전설비계획 수립 절차를 마련하였다. 사업자 의향 조사, 지역별 재생에너지 잠재량, 발전 허가 물량을 포함한 예측 물량 기반의 설비계획을 수립하여 공용 송전망을 적기에 구축하였다. 또한 재생에너지 송변전설비 건설 심의위원회를 운영하여 매몰 비용을 최소화하였다. 설비계획은 재생에너지 접속 용량이 부족한 지역을 중심으로 수립한 후 향후 절차에 따라 수시로 수립할 예정이다.

세 번째로 전력망 중립성 강화를 위해 신재생에너지 접속 정보 시스템의 공개 정보를 확대한다. 중장기 전력망 투자 계획을 반영한 연도별 송전망 여유 정보를 공개하고 향후 '발전+전력 공급' 여유 정보 통합을 진행하여 합리적인 입지 선정을 유도할 계획이다.

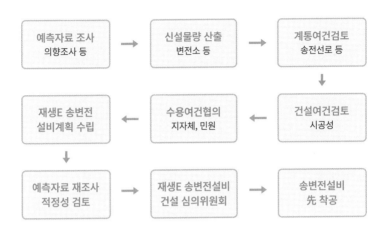

지역 단위 소규모 재생에너지 송변전설비계획 절차

예측자료 조사
의향조사 등
→
신설물량 산출
변전소 등
→
계통여건검토
송전선로 등

재생E 송변전
설비계획 수립
←
수용여건협의
지자체, 민원
←
건설여건검토
시공성

예측자료 재조사
적정성 검토
→
재생E 송변전설비
건설 심의위원회
→
송변전설비
先 착공

대규모 재생에너지 발전소와의 연계

관련사업	세부내역	
새만금 재생에너지	연계방안	345kV 새만금~군산 2П, 345kV 새만금 S/S 154kV 모선, 154kV 군장S/S
	공용망 보강	345kV 2회선 선종교체, 154kV 2회선 신설
서남해 해상풍력	연계방안	345kV 신정읍 S/S, 154kV 서고창 S/S
	공용망 보강	345kV 2회선 신설
신안 해상풍력	연계방안	345kV 신장성 S/S 등
	공용망 보강	345kV 4회선 신설, 2회선 선종교체

- 발전사업(용량, 발전소 준공연도) 변경에 따라 계통 연계 방안 변동이 가능하며,
  신규 설비에 대한 계통 연계 방안은 발전사업 허가 단계에서 반영 예정

전력 설비의 종류

구분	중앙집중형	분산형
송전	4회선 분기선로	2~4회선 분기선로
변전	(154kV) 60MVA×4뱅크	(154kV) 30~60MVA×2~3뱅크 (70kV) 30MVA×2~3뱅크

수요자 중심의 분산형 전력 설비를 확대·적용하기 위한 계획도 수립하였다. 이는 기존 대규모·중앙집중형 전력 설비를 소규모·분산형 계통으로 전환하는 것을 의미한다. 소규모·분산형 계통은 재난·재해가 발생할 경우 대규모·중앙집중형 전력 공급으로 인한 광역 정전의 유발 가능성을 줄일 수 있으며 지역 맞춤형 설비 건설로 투자 효율화를 달성할 수 있다. 아울러 재생에너지의 효율적이고 신속한 계통 연계로 재생에너지 확산을 위한 기반을 제공할 수 있다.

분산형 전력 설비 적용 방안은 3가지 경우로 나눠진다. 다회선 배전선로를 인출하여 공급하는 소규모 택지지구·산업단지, 넓은 지역에 분산된 재생에너지 연계 및 부하 공급, 전력 수요 성장 둔화 지역 전력 공급 등이다.

또한 '제9차 장기 송변전설비계획'에는 재생에너지 변동성과 계통 불확실성을 대비한 안정화 방안도 수립되어 있다. 먼저 전력 계통 신뢰도 유지와 발전 제약 완화를 위하여 계통 안정화 ESS를 도입하였다.

분산형 전력 설비 적용 방안

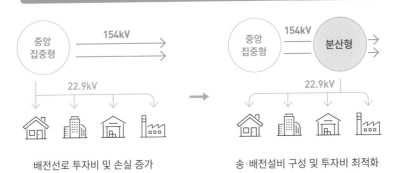

다회선 배전선로를 인출하여 공급하는 소규모 택지지구·산업단지

배전선로 투자비 및 손실 증가

송·배전설비 구성 및 투자비 최적화

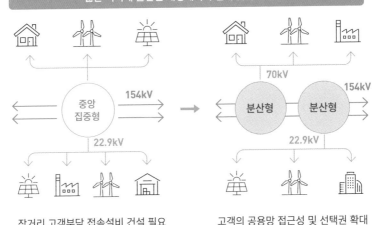

넓은 지역에 분산된 재생에너지 연계 및 부하 공급

장거리 고객부담 접속설비 건설 필요

고객의 공용망 접근성 및 선택권 확대

전력 수요 성장 둔화 지역 전력 공급

70kV 분산형 전력 설비는 중간 규모 고객(40~100MW)의 전력 공급,
재생에너지 연계 시 적용

육지 계통 신뢰도 및 제약 완화를 위해서는 2023년까지 1.4GW 규모의 ESS를 설치할 계획이다. ESS를 설치할 경우 재생에너지 발전기에 고장이 발생하여도 최저 주파수 하락을 완화하여 신뢰도를 유지할 수 있다. 또한 제주 계통 신뢰도 유지를 위해서는 2022년까지 90MW급 ESS를 설치할 계획이다.

발전 제약 최소화를 위하여 유연송전시스템(FACTS)도 확대할 계획이다. 즉 동해안 및 울산·경남 지역에서의 대규모 신규 발전기 연계에 대비하여 발전 제약을 완화한다는 전략이다. 한전은 신한울 1호기 계통 연계 시점인 2021년 9월과 신고리 5호기 연계 시점인 2023년 3월에 발전 제약이 발생할 것으로 예상하고 있다. 따라서 동해안인 신양양, 신태백 지역에 500MVar의 유연송전시스템 2기를 설치하고 울산·경남 지역인 북부산, 신양산, 신울산에도 동일한 규모의 유연송전시스템 3기를 설치할 계획이다. 울산·경남 지역의 경우 '제8차 장기 송변전설비계획'에 반영하였다.

지역 재생에너지 운영 시스템도 구축한다. 재생에너지 출력 변동성 및 불확실성 대응을 위하여 재생에너지 출력 감시·예측·평가·제어 기반 시스템을 구축할 계획이다. 이는 현재의 예측·감시 기반 시스템을 예측·감시·평가·제어 종합 시스템으로 개선하는 것을 의미한다. 재생에너지 확대에 따른 전력 계통 관성 자원의 확보 차원에서 회전형 계통 안정화 설비인 동기조상기도 도입한다. 구체적으로는 폐지 화력발전기를 동기조상기로 용도 전환하여 경제적 관성을 확보하거나 플라이휠을 추가하는 등 관성을 보강한 대용량 동기조상기를 설치한다는 내용이다.

'제9차 장기 송변전설비계획'을 통하여 확보될 총 송전선로의 길이는 2034년 기준 4만 8,075C-km이다. 이는 2019년 대비 약 1.39배로 1만 3,558C-km가 증가한 수치이며 여기에는 신규 발전소 계통 연계를 위한 접속 설비가 포함되어 있다. 총 변전소 수는 2034년 기준 1,154개소이며 2019년 대비 291개가 늘어나 약 1.34배 증가할 전망이다. 이 수치에는 발전소 건설과 관련한 스위치야드, 변환소, 개폐소가 포함된다. 또한 총 변전설비용량은 2034년 기준 47만 8,222MVA이며 2019년 대비 14만 6,462MVA가 늘어나 약 1.44배 증가할 전망이다. 2034년 초고압 변전설비용량의 점유율은 48.6%에 이를 것으로 보인다.

'제9차 장기 송배전설비계획'에는 향후 2050 탄소중립 시나리오 및 NDC 대응 설비계획을 추가로 수립할 예정이다. 또한 재생에너지 기반 기간망(Backbone Grid), AC/DC 복합망 기술 등을 반영한 재생에너지 접속, 지역 간 전력 융통을 위한 계통 보강안을 도출할 계획이다.

연도별 송변전설비계획

구분	송전선로(C-km)			변전소(개)			변전설비용량(MVA)		
	2019	2027	2034	2019	2027	2034	2019	2027	2034
765kV	1,025	1,033	1,033	8	9	9	42,110	54,110	54,110
345kV	9,800	11,394	13,500	114	137	141	138,570	169,070	178,070
154kV	23,265	28,923	31,771	737	905	984	149,680	182,280	200,900
HVDC	427	1,771	1,771	4	16	20	1,400	30,692	45,142
합계	34,517	43,121	48,075	863	1,067	1,154	331,760	436,152	478,222

제9차 장기 송변전설비계획의 주요 사업

구분		수량 (개)	사업 내역
345kV 변전소	신규 반영	4	신광적, 신목감, 신동탄, 신장수
	지속 사업	14	신시화, 신달성 등
345kV 송전선로	신규 반영	3	신장성-신정읍, 신정읍-신계룡, 하동TP-신고성
	지속 사업	12	북당진-신탕정, 고덕#2-서안성 등
154kV 변전소	신규 반영	40	평내, 과천2, 구로2, 하성, 학운, 고촌, 송도6, 을왕, 신수원2, 서동탄, 북현덕, 추곡, 이목, 당수, 원삼, 중장안, 고림, 서충주, 사리2, 이월, 서오창, 고창2, 고창3, 정읍, 장수2, 광양항, 해남2, 운남2, 운남3, 대인, 고경, 북디산, 봉화2, 진보2, 안계2, 하동2, 금남, 칠산, 과학, 한경
	지속 사업	124	증산, 월곶 등
154kV 송전선로	신규 반영	18	신파주-덕이, 미금-구리(증), 중산-영종3, 영종3-을왕, 복정-수서, 신목감-서안양(증), 동춘천1-동춘천2, 남춘천-남춘천분기, 춘천-춘천분기, 신탕정-탕정(증), 동군산-군산CC, 군공-내초, 군산-함열, 화원-안좌(용량증대), 운남2-영광2, 운남2-운남3, 운남3-북항, 한림-한림CC(증)
	지속 사업	109	세종로-운니, 중동-고강 등
HVDC	신규 반영	2	신부평 BTB(1·2단계)
	지속 사업	6	북당진-고덕, 신가평-신한울 등
STATCOM 또는 SVC	신규 반영	2	신양양, 신태백
	지속 사업	9	양주, 북부산 등

- 잠정 계획 및 변전소 연계, 접속 설비, 선종 교체, 차단기 용량 대체, 변압기 증설 미포함

/ 12장 /

계통연계형 마이크로그리드의
CO_2 감축 효과를 입증하다

계통연계형 마이크로그리드
연구의 의의

　산업 부문은 전력 공급의 환경성, 경제성, 안정성 모두가 중요하므로 계통연계형 마이크로그리드의 도입에 있어서 가장 적합한 분야라고 할 수 있다. 특히 산업 부문에서의 온실가스 배출량이 가장 많은 한국에서 활용할 수 있는 계통연계형 마이크로그리드의 도입은 필수적이다.

　지금까지는 독립형 마이크로그리드에 대한 연구가 주를 이루었으며 계통연계형 마이크로그리드에 대한 연구는 수행되지 않았다. 대부분의 연구는 기술이나 경제성 분석에 집중되어 있었으며 CO_2에 관한 연구는 없었다. 따라서 이번에 계통연계형 마이크로그리드를 대상으로 수행한 다양한 시나리오별 CO_2 배출량에 대한 분석·연구는 자못 의미가 있다고 할 수 있다. 여기에 그 연구 결과를 함께 공유하고, 이를 통해 산업 부문에서의 에너지 전환 노력 확대에 활용될 수 있는 계통연계형 마이크로그리드의 모델을 제시하기로 한다.

먼저 마이크로그리드에 대해 간단하게 살펴보자. 1990년대 초 마이크로그리드는 기존 계통과 독립되어 전력을 공급할 수 있는 에너지 시스템이라는 개념으로 소개되었다. 이후 마이크로그리드는 다양하게 정의되고 있지만 주로 분산자원 관리와 전력의 안정적 공급에 대해 다루고 있다.

Hatziargyriou는 마이크로그리드를 '분산에너지원을 지속적이고 보다 분산적 방법으로 조율하는 실체'라고 정의하였다. Yaseus는 안정적인 전기 공급과 관련하여 '지역에서 에너지를 자급자족하여 송배전이 중단되어도 지역의 사회 활동을 최소한 지장 없이 유지 가능한 전력 시스템'이라고 정의하였다. Sioshansi는 '지역 기반으로 제어되는 전력 시스템으로 중앙 전력망과 연결·분리되어 독립적인 섬 형태로 운영되는 전력 시스템'으로 정의하였다. 이를 종합하면 마이크로그리드는 '독립형 혹은 계통연결형으로 운영되며 분산에너지원을 제어 및 관리할 수 있는 소규모 전력망'이라고 정의할 수 있다.

계통과의 연결 유무에 따라 마이크로그리드는 독립형 마이크로그리드와 계통연계형 마이크로그리드로 분류할 수 있다. 독립형 마이크로그리드는 전력을 공급받지 않고 자체적인 발전을 통해 전기를 수급한다. 반면 계통연계형 마이크로그리드는 계통에 연결되어 필요한 전력을 일부분 끌어 쓸 수 있으므로 독립형 마이크로그리드보다 안정적이다. 즉 태양광과 풍력발전 등 재생에너지를 이용하여 필요한 전력을 자체적으로 생산하되, 부족한 전력은 계통에서 공급받을 수 있으므로 전력을 안정적으로 공급할 수 있다. 따라서 계통연계형 마이크로그리드는 산업 부문에서 에너지 전환 노력을 확대하기 위한 주요한 방안이 될 수 있다.

이제 전체적인 연구 개요를 살펴보자. 먼저 실제 산업 시설에 설치되어 운영 중인 계통연계형 마이크로그리드의 실측 자료를 이용하여 산업 시설에서 계통연계형 마이크로그리드의 최적 구성을 모색하였다. 그리고 HOMER(Hybrid Optimization of Multiple Electric Renewables)를 활용한 시뮬레이션 분석을 통하여 에너지저장장치, 태양광발전설비, 연료전지발전설비를 다양하게 조합한 시나리오들의 CO_2 배출량을 비교하였다. 또한 태양광 모듈 가격, 전력 판매 가격, 배출권 가격의 여건을 달리하여 민감도 분석을 실시함으로써 시나리오의 연간 CO_2 배출량을 평가하였다. 이러한 연구의 결과는 2018년 기준 국내 전력 소비량의 55.6%를 차지하는 산업 부분에서의 재생에너지 확대에 기여할 수 있을 것으로 보인다.

국내외 마이크로그리드
연구 사례

    연구 결과를 설명하기에 앞서 먼저 마이크로그리드에 대한 국내외 연구 사례들에 대해 알아보자.

    계통연계형 마이크로그리드는 2012년 전남 신안군 관내 안좌도 등 10개 도서 지역에 최초로 설치된 이후, 현재는 서울대 캠퍼스를 비롯해 산업 시설 등에서 운영 중이다. 서울대 캠퍼스 마이크로그리드는 강의동, 연구동, 실험동, 병원, 기숙사 등 건물마다 에너지 소비 특성이 다른 점에 착안하여 건물별 에너지 절감 방법을 개발하고 용도별로 2015년에서 2019년까지 모델을 실증하였다. 또 다른 사례로는 S기업의 공장에 설치된 계통연계형 마이크로그리드인데, 상대적으로 저렴한 심야 전력을 ESS에 저장하여 낮 시간대에 사용하고 부족한 전력 수요는 태양광발전을 통해 조달하고 있다.

    마이크로그리드에 대한 선행 연구는 다양한 장소, 기술, 제도와 여건 등 다채로운 범주에서 수행되었다. 여러 지역 및 부문에 대한 마이크로그리드의 적용 가능성을 검토한 연구들을 먼저 살펴보자.

Clavier는 격오지(Remote Area)에서 디젤발전에 대비할 때 태양광과 에너지저장장치로 구성된 마이크로그리드의 높은 경제성을 분석하였다. 이병두는 계통에서 전기를 공급받는 오피스 건물에 마이크로그리드가 설치될 경우 전기요금이 절감된다고 밝혔다. 또한 엄지영과 김용학은 태양광발전-가정용 에너지저장장치로 구성된 가정용 마이크로그리드의 경우 소형 에너지저장장치의 높은 비용으로 인해 정부 보조금 없이는 확대가 어렵다는 연구를 수행하였다. Lan의 경우는 기존에 벙커C유(Bunker Fuel Oil C)로 필요한 전력을 수급하였던 선박에 태양광-디젤-에너지저장장치 마이크로그리드를 설치하였더니 에너지가 절감되었다는 결과를 내놓았다. 우경태는 HOMER를 이용한 실험을 통해 태양광-히트펌프-에너지저장장치로 구성된 마이크로그리드를 설치하면 경제성이 있다고 판단하였다.

마이크로그리드의 기술 적용 및 구성과 관련하여 수행된 여러 연구들에서는 주로 에너지저장장치의 필요성과 기여를 강조하고 있다. Testa는 계통과 독립적으로 설치된 태양광발전과 풍력발전에 에너지저장장치를 부착하면 신뢰성을 확보할 수 있다고 분석하였다. ElNozahy는 마이크로그리드에서 에너지저장장치를 부착하면 플러그인 하이브리드 차량의 증가로 인하여 발생하는 전력 역조류를 해결할 수 있다고 분석하였다. Lamberti는 저전압 전력망에서 재생에너지와 에너지저장장치를 통합하는 것이 이익이라고 평가하였다. 또한 이성호는 최적화 분석 결과 섬 지역에서 태양광, 풍력, 디젤발전, 에너지

저장장치로 구성된 독립형 마이크로그리드가 가장 경제성이 높다는 결론을 내렸다.

하드웨어적 기술 외에도 IT 및 인공지능 기술 적용의 이익에 대한 연구도 다수 수행되었다. 정태영은 기존 마이크로그리드에 정보통신기술인 제어 알고리즘과 안전 시스템을 부착하여 신뢰성을 높일 수 있다고 분석하였으며, Datta는 인공지능 적용 시 태양광발전 설비가 설치된 마이크로그리드에서 출력의 평탄화 가능성을 지적하였다. Paterakis는 하루 전에 전력 소비 최적 사용 스케줄을 제시할 수 있는 수요 관리(Demand Resource, DR) 기반 가정용 에너지관리시스템을 적용한다면 소비 전력의 최적화가 가능함을 제시하였다.

그 외에도 전력 거래 제도 개선 방안, 마이크로그리드를 활용한 수요 관리, 시장 참여 방안 등 마이크로그리드 관련 제도 및 여건에 대한 다양한 연구도 주목을 끈다. Hanna는 미국 캘리포니아주에서 셰일가스 개발에 따른 가스 가격 하락으로 인해 상대적으로 재생에너지를 설치한 마이크로그리드의 경제성이 하락하여 설치가 감소한 사례를 분석하였다. 그리고 이를 통해 연료 가격과 설비의 특징, 경제성 등을 반영한 에너지 정책의 중요성을 강조하였다.

마이크로그리드 운영을 사회 경제적 시각에서 접근한 연구도 있다. Li Ma는 열병합발전소와 태양광발전 프로슈머 간 거래에 적용될 수 있는 최적화 모델을 게임 이론을 근거로 설계하였다. Santos는 마이크로그리드를 설계할 때 기술과 경제적인 측면 외에 참여 행위자 등 사회학적 관점도 반영할 필요가 있다고 분석하였다.

지금까지 살펴본 것처럼 선행 연구는 주로 독립형 마이크로그리드의 경제성 평가 결과 기술의 적용 가능성과 제도 및 여건의 평가에 집중되어 있다. 이성호와 같이 HOMER를 활용하여 독립형 마이크로그리드의 경제성을 분석한 사례는 있지만, 산업용 계통연계형 마이크로그리드의 CO_2 배출에 대한 연구는 국내에서 진행되지 않았다.

계통연계형 마이크로그리드의
CO_2 배출 관련 연구

    이제 계통연계형 마이크로그리드 관련 연구를 위해 활용하였던 분석 도구, 입력 자료 그리고 시나리오의 구성을 차례대로 살펴보기로 하자.

    먼저 연구를 위해 활용한 것은 HOMER 3.12.5 버전이다. 이를 통해 여러 가지 분산에너지원 설비의 구성과 여건에 따라 달라지는 계통연계형 마이크로그리드의 시나리오별 CO_2 배출량을 분석하였다. 시나리오는 에너지저장장치만 설치된 경우, 태양광발전이 추가된 경우, 연료전지발전이 추가된 경우, 태양광발전과 연료전지발전이 추가된 경우 등 네 가지 상이한 조합으로 구성하였다. 더불어 태양광 모듈 가격, 전력 판매 가격 등 기술 발전과 배출권 가격 등의 여건 변화에 따라 태양광발전 혹은 연료전지발전과 계통에서의 전력 구매 비율을 분석하고 CO_2 배출량을 비교하여 보았다.

HOMER는 미국 국립재생에너지연구소(NREL)에서 개발한 모형으로서 독립형 마이크로그리드와 계통연계형 마이크로그리드의 최적 구성을 평가할 수 있다. 결과 값으로 순현재비용(Net Present Cost, NPC), 균등화발전단가(Levelized Cost Of Electricity, LCOE), 투자수익률(Return On Investment, ROI), 내부수익률(Internal Rate of Return, IRR) 등의 경제 지표와 함께 CO_2 배출량 계산이 가능하다는 것이 특징이다.

이번 연구에서 분석을 위해 사용한 입력 자료로는 공장의 전력 부하 자료, 마이크로그리드를 구성하는 시스템 사양 및 비용 자료, 시뮬레이션 조건 자료 등이 있다. 대상 시설 A 공장은 경기도 용인시 처인구 남사면 완장리에 위치하고 있으며 반도체 설비인 클린룸의 팬 등을 제조하는 공장이다.

A 공장의 전력 부하 데이터는 2017년에 계통을 통해 한전에서 구입한 전력량과 태양광발전 설비에서 생산되어 에너지저장장치에 저장 및 사용된 전력량으로 구성된다. 구체적으로 알아보면 2017년에는 총 152만 2,274kWh의 전력을 사용하였으며 이 가운데 131만 9,312kWh의 전력은 계통을 통하여 한전에서 구입하였다. 이를 금액으로 환산하면 1억 4,690만 원에 해당한다. A 공장에는 각각 230kW와 50kW 태양광발전 설비, 에너지저장장치, 인버터가 설치되어 마이크로그리드를 구성하고 있다. 그리고 이들 태양광발전 설비는 2017년 기준 20만 2,962kWh(2,439만 원)를 생산하였다. 부하에서 태양광발전이 차지하는 비중은 2017년 최대 27%까지 상승하였으며 태양광 발전량이 A 공장의 부하에서 차지하는 비중은 평균 16%다.

태양광발전, 에너지저장장치, 시스템 컨버터의 자본 비용 및 운영·관리(Operation&Maintainment, O&M) 비용과 A 공장에 연결된 계통의 길이, 계통 구축 비용 등은 A 공장에서 실제로 사용되고 있는 설비의 사양 및 비용을 데이터값으로 입력하였다. 연료전지의 사양 및 비용 자료는 HOMER에 포함된 기본값을 사용하였다. 계통과 관련된 데이터로는 계통 연결비, 접속 대기료, 계통의 신뢰도(평균 정전 빈도, 평균 수리 시간, 수리 시간 변동성)가 이용되었으며 해당 자료는 A 공장의 실측 데이터를 활용하였다. 이 밖에 CO_2 배출량 계산에는 2018년 온실가스종합정보센터에서 간행한 보고서의 CO_2 배출계수(2018년 전력 소비단 기준 배출계수: 456.7g/kWh)가 적용되었다. 입력 자료의 세부적인 사항은 〈부록〉에 정리되어 있다. 또한 시뮬레이션 조건으로 명목 할인율 5.5%, 기대 물가 상승률 2.0%가 가정되었다.

마지막으로 살펴볼 것은 시나리오의 구성이다. 이번 연구를 위해 에너지저장장치, 태양광발전, 연료전지발전의 조합에 따라 4개의 마이크로그리드 시나리오를 구성하였다. 태양광발전 시설은 산업 시설의 잉여 부지 및 건물 옥상 등에 설치하기에 적합한 재생에너지원이다. 연료전지발전의 경우는 정부가 2019년에 발표한 '수소경제 활성화 로드맵'에 따라 향후 산업 시설에 대한 적용을 확대할 것으로 전망된다. 이에 따라 산업 시설에서 마이크로그리드는 태양광발전, 연료전지발전, 에너지저장장치, 계통이 조합된 형태로 전망된다. 또한 연구에서는 각 시나리오에 대해 배출권 가격, 전력 판매 가격, 태양광모듈 가격 변화에 따라 CO_2 배출량을 추정하는 민감도 분석을 수행하였다.

마이크로그리드 시나리오 구성

시나리오	비고	민감도 분석
시나리오 1 (ESS 단독)	한전 계통에 연결되어 있으며 분산에너지원 없이 에너지저장장치(ESS)만 설치된 마이크로그리드	• 기본 조건 배출권 가격 41,000원/t 전력 판매 가격 153원/kWh 태양광 모듈 가격 370원/W
시나리오 2 (PV발전 추가)	한전 계통에 연결되어 있으며 ESS와 태양광(PV)발전 설비가 설치된 마이크로그리드	• 민감도 분석1 기본 조건 + 배출권 가격 45,000원/t
시나리오 3 (FC발전 추가)	한전 계통에 연결되어 있으며 ESS와 연료전지(FC)발전 설비가 설치된 마이크로그리드	• 민감도 분석2 기본 조건 + 전력 판매 가격 137원/kWh 및 103원/kWh
시나리오 4 (PV발전·FC발전 추가)	한전 계통에 연결되어 있으며 ESS와 PV발전 설비, FC발전 설비가 설치된 마이크로그리드	• 민감도 분석3 기본 조건 + 태양광 모듈 가격 185원/W

민감도 분석을 위하여 배출권 가격은 톤당 4만 1,000원에서 4만 5,000원으로 변화시켰다. Johannes의 '2040년까지의 태양광 모듈 가격 장기 예측치'를 참고하여 태양광 모듈 가격은 와트당 370원에서 185원으로 변화시켜 분석하였다.[27] 특히 전력 판매가[28]는 최근 신재생에너지 공급인증서의 가격 하락에 따른 전력 판매 가격 하락을 반영하기 위하여 2019년 kWh당 판매 가격인 153원을 기준으로 137원, 103원으로 변화시켜 수행하였다. 전력 판매 가격을 산정할 때 태양광발전에서 생산된 전력량에 대해서는 REC 가중치 1.5, 연료전지는 가중치 2.0, 태양광과 연료전지가 모두 적용된 마이크로그리드에서 생산되는 전기에는 평균 가중치 1.7을 적용하였다.

HOMER를 이용한
시뮬레이션 분석 및 결과

시뮬레이션 분석 결과를 확인해보면 태양광발전을 추가한 시나리오 2와 4가 그렇지 않은 시나리오보다 CO_2 배출량이 연간 500톤가량 적었다. 이는 태양광발전을 분산전원으로 설치한 마이크로그리드 시나리오가 CO_2 감축에 효과적임을 시사한다. 특히 시나리오 4(태양광+연료전지발전 추가)가 시나리오 2(태양광발전 추가)보다 CO_2 배출량이 적은 것으로 분석되었다. 이는 필요한 전력을 태양광발전과 연료전지발전에서 충당하는 만큼 계통에서 구입하는 전력량이 줄어들기 때문인 것으로 분석된다.

한국에서 연료전지는 연료인 수소를 LNG 개질(LNG Reform)을 통하여 추출한다. LNG 개질은 LNG에 뜨거운 수증기를 뿜어 주는 방식으로 진행되는데 이 과정에서 CO_2와 CO, O_2가 발생한다. CO와 O_2는 산업용 가스로 분류·채집되어 상품으로 판매 가능하지만 CO_2의 경우 그대로 대기 중에 방출한다. 이런 이유로 시나리오 4가 시나리오 2보다 CO_2 발생이 적다는 것은 주목할 만한 연구 결과이다. 독립형 마이크로그리드와 달리 계통연계형 마이크로그리드는 계통에 흘러든 전기가 어떤 발전기에서 생산되었는지 여부도 분석해봐야 한다는 점을 시사하기 때문이다. 따라서 계통에서 전력을 구입하는 비중이 가장 낮은 시나리오 4가 연간 CO_2 배출량 3,388톤으로 CO_2를 가장 적게 배출한다고 평가할 수 있다.

구체적으로 살펴보면 시나리오 4는 태양광발전 비중이 15.6%, 연료전지발전 비중이 20.1%로 계통에서 구입하는 전력의 비중은 64.3가량이다. 시나리오 2의 경우는 태양광발전에서 전력을 구매하는 비중이 15.7%이며 나머지 84.3%의 전력을 계통에서 구매하고 있다. 한국의 계통에는 석탄발전, LNG발전 등 CO_2를 배출하는 화석연료발전이 40% 이상 포함되어 있기 때문에 계통에서 구매하는 전력의 비중이 낮을수록 CO_2 배출량이 적다고 분석된다.

민감도를 분석한 결과를 살펴보자. 배출권 가격이 톤당 4만 1,000원에서 톤당 4만 5,000원으로 상승할 때 다른 시나리오는 CO_2 배출량에 변화가 없었으나 시나리오 4의 경우 CO_2 배출량이 연간 1톤 감소하였다. 또한 전력 판매 가격이 kWh당 137원에서 kWh당 103원으로 하락할 때 시나리오 1의 CO_2 배출량은 변하지 않았으며 시나리오 2의 경우 CO_2 배출량이 연간 6톤이 증가하였다. 시나리오 3과 4에서는 각각 CO_2 배출량이 연간 44톤, 연간 32톤 감축되었다.

계통연계형 마이크로그리드 시나리오의 CO2 배출량

조건	항목	시나리오 1 (ESS 단독)	시나리오 2 (PV 추가)	시나리오 3 (FC 추가)	시나리오 4 (PV-FC 추가)
	민감도 분석 1				
배출권 가격 변동	배출권 가격 톤당 41,000원 시 배출량	3,996	3,455	3,984	3,455
	PV 발전량 비중(%)	0	15.7	0	15.3
	FC 발전량 비중(%)	0	0	24.1	21.5
	배출권 가격 톤당 45,000원 시 배출량	3,996	3,455	3,984	3,454
	PV 발전량 비중(%)	0	15.7	0	15.4
	FC 발전량 비중(%)	0	0	24.1	21.5
	태양광 모듈 가격 W당 370원, 전력 판매 가격 kWh당 153원				
	민감도 분석 2				
전력 판매 가격 변동	전력 판매 가격 137원/kWh 시 배출량	3,996	3,449	3,973	3,420
	PV 발전량 비중(%)	0	15.9	0	15.4
	FC 발전량 비중(%)	0	0	24.1	20.7
	전력 판매 가격 103원/kWh 시 배출량	3,996	3,455	3,929	3,388
	PV 발전량 비중(%)	0	15.7	0	15.6
	FC 발전량 비중(%)	0	0	24.1	20.1
	배출권 가격 톤당 41,000원, 태양광 모듈 가격 W당 370원				
	민감도 분석 3				
PV 모듈 가격 변동	PV 모듈 370원/W 시 배출량	3,996	3,455	3,984	3,455
	PV 발전량 비중(%)	0	15.7	0	15.3
	FC 발전량 비중(%)	0	0	24.1	21.5
	PV 모듈 185원/W 시 배출량	3,996	3,427	3,984	3,432
	PV 발전량 비중(%)	0	16.5	0	16.5
	FC 발전량 비중(%)	0	0	24.1	21.4
	배출권 가격 톤당 41,000원, 전력 판매 가격 kWh당 153원				

* (단위: t/yr)

태양광 모듈 가격이 와트당 370원에서 185원으로 줄었을 때는 시나리오 1과 3의 경우 CO_2 배출량의 변화가 없었다. 하지만 시나리오 2와 4에서는 CO_2 배출량이 각각 연간 28톤, 23톤 감소하였다.

마지막으로 신에너지나 재생에너지 발전기가 없는 시나리오 1과 신에너지 발전기만 추가된 시나리오 3의 경우 그렇지 않은 시나리오보다 CO_2 발생량이 월등히 높았다. 시나리오 1의 경우 계통에서 구입하는 전력 비중이 100%이고 시나리오 3의 경우 75.9%에 달하기 때문에 CO_2 발생 비중이 높은 것으로 분석된다.

연구 결과를 다시 한번 전체적으로 요약 정리해보자. 먼저 HOMER를 활용한 시뮬레이션 분석을 통해 에너지저장장치, 태양광발전 설비, 연료전지발전 설비를 각기 다르게 조합한 계통연계형 마이크로그리드의 연간 CO_2 배출량을 확인하였다. 또한 태양광 모듈 가격, 전력 판매 가격, 배출권 가격의 여건 변화에 따른 민감도 분석을 수행하였다.

연구 결과에 따르면 시나리오 4처럼 태양광발전, 연료전지발전, 에너지저장장치가 모두 설치된 마이크로그리드의 CO_2 감축 효과가 가장 크게 나타났다. 이는 마이크로그리드가 계통에 연결되었기 때문인데 연료전지가 CO_2를 발생시키지만 화석연료발전 비중이 40%를 넘는 계통에서 구입하는 전력량을 감소시키는 것이 그 요인으로 분석된다.

산업부는 2021년 10월 20일 보도자료를 통해 시장에서 주로 설치되고 있는 두 가지 발전용 연료전지 모델의 탄소 배출량은 각각 kWh당 358g, 261g 수준이라고 밝혔다. 이는 현재 한국전력 계통망의 탄소 배출계수 459g보다 낮은 수치이다. 이 발표를 토대로 보면 계통에서 전력을 구입하는 것보다 태양광발전, 연료전지발전, 에너지저장장치가 모두 설치된 마이크로그리드에서 CO_2 발생량이 적은 이유는 계통의 탄소 배출계수보다 연료전지의 탄소 배출계수가 낮기 때문으로 분석된다.

또한 태양광발전이 설치된 시나리오와 설치되지 않은 시나리오의 배출량을 비교한 결과, 마이크로그리드를 구성하였을 때 태양광발전의 CO_2 감축 효과를 확인할 수 있었다. 태양광발전이 CO_2를 발생시키지 않고 연료 소모가 없다는 사실 때문에 나타난 분석 결과이다. 태양광발전에 대한 장점이 잘 알려지지 않은 상황이므로 이 점도 참고할 만하다.

민감도 분석 결과에서 전력 판매 가격이 배출권 가격, 태양광 모듈 가격 대비 마이크로그리드의 CO_2 감축 효과에 크게 영향을 미치는 것으로 나타났다. 특히 전력 판매 가격이 하락하게 되면 태양광발전의 경쟁력이 악화되므로 태양광발전 대신 계통으로부터 구매하는 전력 비중이 높아져 배출량이 상승하게 된다. 이는 산업 시설에서 태양광발전 설비로 구성되는 계통연계형 마이크로그리드의 확대를 위해서는 일정 수준 이상의 전력 판매 가격이 담보되어야 함을 시사한다.

이 연구는 계통연계형 마이크로그리드의 전원 구성 및 CO_2 배출량을 산정함으로써 안정적인 전력 공급을 필요로 하는 산업 부문에서의 신재생에너지 확대에 활용될 수 있는 모델을 제시하고 있다. 또한 계통과 연계된 산업 시설의 마이크로그리드의 실측 데이터를 활용했다는 장점이 있는 반면, 연료전지발전에서 LNG 개질 과정에서 생산된 수소만을 고려했다는 한계를 지니기도 한다. 하지만 이 부분은 향후 보다 다양한 시나리오 구성 및 분석을 통해 해소될 것으로 기대된다.

부록

재생에너지 경쟁력 강화 방안('19.4.4.)의 제도 개선 및 규제 완화 추진 과제

과제	내용	비고
1 계획입지제도 도입 (산업부)	• 지자체 주도로 대규모 발전단지를 발굴	• 신재생에너지법 개정안 발의 ('17.12.)
2 재생에너지 확대 부작용 해소 (산업부)	• 발전사업 허가권 양도·양수 제한 • 산지 태양광 RPS 설비 확인 前 준공 의무화	• 전기사업법 개정안 발의 ('18.12.) • RPS 고시 개정(안) 행정 예고 ('19.2.)
3 지자체 인허가 동시 처리 (산업부, 국토부)	• 발전사업 허가 시 개발 행위 허가를 의제 처리	• 전기사업법 개정안 발의 ('18.12.)
4 주민 수용성 제고 (산업부)	• 재생에너지 발전 규모에 따라 발전소 주변 지역 범위 차등 적용 • 주민 2/3 이상 동의로 주민 수용성 기준 마련	• 발전소 주변 지역 지원에 관한 법률 개정 추진('19.) • 전기사업법 개정안 발의 ('19.1.)
5 입지 규제 개선		
① 염해 농지 (농식품부)	• 태양광 설치 기간 확대 (8년→20년)	• 농지법 개정 完('19.7. 시행)
② 영농형 태양광 (농식품부)	• 농업 진흥 구역 外 일시 사용 기간 확대(8년→20년)	• 농지법 개정 추진('19.下)
③ 국공 유지·활용 (기재부, 행안부)	• 최초 임대 기간 확대(10년→20년) 및 임대료 인하(지가 5%→1%)	• 신재생에너지법 및 국유재산법 개정 추진('19. 上)
④ 이격거리(산업부)	• 이격거리 규정 폐지 지자체 인센티브* 부여 *신재생에너지 지원 사업 차등 지원	• 신재생에너지법 개정안 발의 ('17.12.)
⑤ 공유수면점·사용료 (해수부)	• 경쟁력을 확보할 수 있는 방향으로 임대료 산정 기준 개선	• 공유수면법 시행령 개정 추진 ('19.下)
⑥ 軍 전파 영향 평가 (국방부)	• 풍력발전기 전파 영향 평가 기준 마련	• 검토 기준 제정 추진('19.下)

제1차 한국판 뉴딜 전략회의(문대통령 주재, '20.9.3.) 주요 내용

국민참여형 뉴딜 펀드 조성

• "정책형 뉴딜 펀드로 20조원을 조성해 '한국판 뉴딜' 분야에 집중 투자할 계획"(모자펀드)

[투자 대상]
뉴딜 관련 창업, 벤처기업, 대중소기업 뉴딜 관련 민자사업

• 5년간 정부 출자 3조원, 정책금융기관 출자 4조원, 민간자금 13조원 등 총 20조원

• 민간참여 자펀드의 경우 정부와 저액금융이 조성한 모펀드가 후순위 출자를 맡아 투자 리스크를 우선 부담

정책금융과 민간금융 활용

• "향후 5년간 정책금융에서 100조원, 민간금융에서 70조원을 한국판 뉴딜 프로젝트와 기업에 투입할 것."

• "정부의 마중물 역할과 정책금융의 적극적 기여, 여기에 민간의 협조까지 더하게 됨으로써 '한국판 뉴딜'을 힘있게 추진할 물적 기반이 마련된 것."

인프라 펀드 육성

• "인프라 펀드를 육성해 뉴딜 사회 기반 시설에 투자하고 손실 위험 분담과 세제 혜택으로 국민들에게 보다 안정적인 수익을 가능하게 할 것."

[투자 대상]
데이터센터, 스마트 공동 물류센터, 수소충전소, 육해상 풍력 등 재생에너지 발전단지

• 세제 혜택은 2억원 이내 투자금에 대해 9% 분리 과세를 적용

• 인프라 투자를 유도하기 위해 분리 과세를 적용하기로 했던 계획에서 혜택을 대폭 늘림.

• 뉴딜 인프라에 50% 이상 참여해야 하고 공모형에게만 혜택이 제공됨.

제도 개선

• "규제 혁신이야말로 '한국판 뉴딜'의 또 하나의 성공 조건"

〈 기후 위기 비상 대응 촉구 결의안 〉

통과

- ☑ 기후 위기 비상상황
- ☑ 탄소중립 2050
- ☑ 기후 위기 대응을 위한 특별위원회
- ☑ 정의로운 전환의 원칙
- ☑ 지속가능한 사회 추구
- ☑ 탄소 배출 감소 위한 국회-정부 간 협력

심의

- ☐ **기후 위기 대응을 위한 녹색금융 촉진 특별법안(민형배 의원)**
  녹색금융공사 설립, 녹색금융채권 발행
- ☐ **에너지 전환 지원에 관한 법률안(양이원영 의원)**
  에너지 전환 위하여 석탄발전사업 지정 철회 가능

개념변화 우리 사회에 기후 변화에 대한 위기 의식 고양·2050년까지 탄소중립 실현
예상변화 • 목표: 탄소중립 2050
- 수단: 재생에너지 확대
- 방법: 녹색금융 ← 녹색금융공사, 녹색채권
- 강제: 2050탄소중립위원회, 석탄발전사업 지정 철회 가능

〈 교통·에너지·환경세법 전부개정 법률안(장혜영 의원) 〉

심의

- ☐ 2021년 일몰 예정 교통·에너지·환경세 유효기간 폐지
- ☐ 법명을 탄소세법으로 개정
- ☐ 유연탄, 무연탄, LNG, 증유에 대해 CO_2 배출량 톤당
  5만 5,000원씩 과세
- ☐ 2030년 CO_2 배출량 톤당 11만원에 해당하게 세율 부과

〈 기후 위기 대응을 위한 탄소중립·녹색성장 기본법안(대안)〉

☑ 2050 탄소중립 목표
☑ 정부, 국가 탄소중립·녹색성장 기본계획 5년마다 수립
☑ 대통령 소속 2050 탄소중립녹색성장위원회,
  2050 지방탄소중립녹색성장위원회
☑ 정의로운 전환 특별지구 지정, 협동조합 활성화, 정의로운
  전환 지원센터 설립
☑ 중장기 온실가스 감축목표: 2018년 대비 40% 이상 감축

☐ 탈탄소 사회로의 정의로운 전환을 위한 그린뉴딜 정책 특별
  법안(심상정)
☐ 기후 위기 대응을 위한 탈탄소 사회 이행 기본법안(이소영)
☐ 기후 위기 대응 법안(안호영)
☐ 기후 위기 대응 기본법안(유의동)
☐ 기후 위기 대응과 정의로운 녹색전환을 위한 기본법안(강은미)
☐ 탄소중립·녹색성장 기본법안(임이자)
☐ 기후 위기 대응 및 탄소중립 이행에 관한 기본법안(이수진)
☐ 정의로운 전환 기금설치에 관한 법률안(장혜영)

〈 신재생에너지 개발·이용·보급·촉진법 〉
(산자위원장안)

통과

☑ 신재생에너지 발전사업에 대한 **지역 주민 참여와 인센티브**
☑ 산업부, 태양광 발전시설 등 사후 관리 결과
→ 국회 소관 상임위원회 제출
☑ **신재생에너지 개발·이용·보급·촉진법(김성환 의원)**
  - RPS 상한선 삭제, RPS 의무공급량을 전체 발전량의 25%
☑ **전기사업법 일부개정 법률안(김성환 의원)**
  - 재생에너지 전기공급사업자를 통한 소비처-발전사 간 PPA 계약(전력 직거래)
  - 가공 전선로의 지중 이설 시 지자체 부담분을 전력산업기반 기금에서 국가가 부담(유효기간 '25.12.31.)
☑ **산지관리법(농축산위원장)**
  - 산지태양광발전 설비 설치 위해 산지 일시 사용할 경우 산림 청장 등 허가를 받도록 법률에 명확히 규정
  - 산림청장 등에게 재해 위험성 검토의견서를 제출하도록 의무화

심의

☐ **신재생에너지 개발·이용·보급·촉진법(김성환 의원)**
  - 신에너지·재생에너지 분리, IGCC 삭제, 연료전지·ESS의 보조설비화
☐ **신재생에너지 개발·이용·보급·촉진법(이소영 의원)**
  - 신에너지 정의에서 IGCC 제외
☐ **풍력발전 보급·촉진 특별법안(김원이 의원)**
  - 입지 정보망을 활용한 고려 지구 지정 및 주민 수용성 확보에 기반한 환경친화적인 발전 지구 지정
  - 발전사업자의 선정, 발전 지구 실시계획 승인 및 인허가 의제, 풍력발전위원회 및 풍력발전추진단 설치
☐ **유기성 폐자원을 활용한 바이오가스의 생산 및 이용 촉진법안 (임이자 의원)**
  - 유기성 폐자원·바이오가스 정의
  - 바이오가스 의무생산자의 바이오가스 생산 목표 및 생산 목표 달성도 측정사항
  - 유기성 폐자원 처분부담금 부과 근거
  - 바이오가스센터의 설치·운영 근거

심의

□ **전기사업법 일부 개정 법률안(김성환 의원)**
- 신재생에너지+보조자원=통합발전소 구성하여 중앙급전 발전기화, 전력시장 참여, 계통안정 도모

□ **폐기물관리법 일부개정 법률안(김정호 의원)**
- 재활용의 정의를 자원순환기본법의 정의로 일원화

□ **신에너지 및 재생에너지 개발·이용·보급 촉진법 일부개정 법률안 (위성곤 의원)**
- 수열에너지 정의를 법률에 직접 규정
- 재생에너지 정의에 해수와 하천수 포함

□ **하천법 일부개정 법률안(위성곤 의원)**
- 하천수의 사용허가 대상과 기본계획에 수열에너지 내용을 명확히 규정

□ **농업 바이오매스에너지의 이용·보급·촉진에 관한 법률안(이개호 의원)**
- 농업 바이오매스의 정의와 국가·지자체·사업자의 책무
- 농업 바이오매스의 에너지 활용 촉진 및 관계기술 개발
- 농업 바이오매스 연료 제조업자의 연료 품질 유지 의무
- 농업 바이오매스 배출, 수집·운반, 인계인수 시 전자 정보 처리

상황변화 신재생에너지 발전사업에 ① 지역 주민 참여와 ② 인센티브 제공이 법제화 되고 사후 관리 결과가 산업부를 통해 ③ 국회에 보고됨.
④ RPS 공급 의무비중 10% → 25%

예상변화 ① 재생에너지발전사업 확대 걸림돌 제거
② 지역 주민 참여 및 인센티브 부여 의무화
③ 소비처-발전사 간 전력 직거래 가능
④ 태양광, 풍력 비중 사업 확대 기회
⑤ RPS 사업 지속 확대
⑥ 산지태양광발전 규제 강화

〈 산업집적활성화 및 공장설립에 관한 법률 〉
(구자근·정태호 의원 통합안)

☑ **스마트그린 산업단지 조성 및 운영을 위한 각종 법적 근거 마련**
- 정의 및 육성 지침 수립·고시 근거
- 공모 및 지정 절차 규정
- 촉진사업 사업단 구성과 사업시행자 규정
- 촉진사업 위해 입주기업체 정보 수집 규정
- 스마트그린 산업단지 지정 특례

☑ **산업입지 및 개발에 관한 법률(김윤덕 의원)**
- 산업단지의 환경·에너지·안전·교통의 문제를 해결
- 정보통신기술, 스마트그린 산업단지 지정 특례

☐ **전기사업법(최종윤 의원)**
- 기본계획이 온실가스 감축 목표에 부합하도록 의무화
- 기본계획에 발전단가 포함, 발전단가에는 환경개선비용 및 외부비용 반영

☐ **전기사업법(이소영 의원)**
- 전력시장 급전순위 결정 시 배출권 거래비용 반영

☐ **환경영향평가법①(양이원영 의원)**
- 환경영향평가 시 온실가스가 환경에 미치는 영향도 평가
- 환경에 영향 미치는 계획·사업 계획 수립 시 온실가스 영향 평가

☐ **환경영향평가법②(양이원영 의원)**
- 환경영향평가 등은 계획 또는 사업으로 인한 온실가스 배출에 따른 영향을 최소화할 수 있는 방안을 고려하여 실시

☐ **산업집적활성화 및 공장설립에 관한 법률(이소영 의원)**
- 산업단지공단의 사업에 입주기업체의 에너지 효율 향상과 재생에너지 보급 등 산업단지 내 온실가스 감축에 관한 사업을 추가

개념변화 스마트공장, 산단 → 스마트그린 산단
※ 스마트공장 및 산단에 공급되는 에너지를 신에너지 및 재생에너지로 공급

➡ '스마트그린 산단'이 K뉴딜 10대 과제로 수행됨으로써 각종 혜택과 정책적 지원 속에 설치될 전망

직접 PPA 제도 전기사업법 개정안 주요 내용

구분		주요 내용
직접 PPA	재생에너지 전기 공급사업자 유형 (제19조)	① 재생에너지 발전사업자 또는 ② 다수 재생에너지 발전사업자를 집합자원화 모두 가능
	부족 전력 대안 (제20조)	공급 전력 부족 시, 전기 사용자는 ① 판매사업자 또는 ② 전력 시장을 통해 직접 구매 가능(고시에서 정한 일정 요건 충족 필요)
	재생에너지 전기공급사업자 등록 기준(별표1)	전기·정보통신·전자 등 분야 관련 인력 등록 기준 설정
	전기공급 거부 사유 (제5조의5)	약관 또는 계약에서 정한 기한까지 전기요금 미납 등 전기공급 거부 사유 규정
	발전량 정보 취득 (제8조)	발전사업자는 시간대별로 전력 거래량을 측정할 수 있는 전력량계 설치 의무
재생에너지 활성화	소규모 전력자원 기준(제1조의3)	소규모 자원 설비용량 기준 상향 (1MW→20MW 이하)

2050 탄소중립 시나리오별 비교

구분	2018년	시나리오 초안('21.6.27. 유출)		시나리오 초안('21.8.5. 발표)		
		2050년				
		1안	2안	1안	2안	3안
흡수원 포함 순배출량	6억 8,630	1억 2,710 (83%)	1억 4,490 (80%)	2,540 (96.3%)	1,870 (97.3%)	Net-Zero (100%)
에너지(전환) 온실가스 배출량	2억 6,960	3,120(88%↓)	4,620(83%↓)	4,620	3,210	0
산업부문	2억 6,050	5,310(80%)		5,310	5,310	5,310
수송부문	9,810	180(98%)		1,120	1,120	280
건물부문	5,210	710(86%)		710	710	620
폐기물부문	1,710	440(74%)		440	440	440
탈루부문	560	170(86%)		120	120	120
농축수산물부문	2,470	1,420(40%)	1,700(31%)	1,710	1,540	1,540
수소 생산과정	0	1,360		1,360	1,360	0

구분	2018년	시나리오 초안('21.6.27. 유출)		시나리오 초안('21.8.5. 발표)		
		2050년				
		1안	2안	1안	2안	3안
CCUS	0	-8,500 (2,500만 톤 원료재활용)	-9,500 (3,500만 톤 원료재활용)	-9,500	-8,500	-5,790
산림 통한 온실가스 흡수	-413	-2,410		-2,410	-2,410	-2,470
석탄 발전소	신규 7기	모두 제거 (7기까지 조기 폐쇄)	7기 유지, LNG 발전 허용	석탄발전소 최소 유지	석탄발전 중단	화석연료 발전 중단
원전		7기에서 86.9TWh 전력 생산		89.9TWh (7.2%)	86.9TWh (7.2%)	76.9TWh (6.1%)
동북아 그리드		중국·러시아 등에 서 33.1TWh 전력 수입				
재생에너지 비중		61.9%	59.5%	710.7TWh (56.6%)	710.6TWh (58.8%)	891.5TWh (70.8%)

* (단위: 만 톤)

VRE 전력망 연계에 관한 주장과 현실

[주장1] 기상변화에 따른 변동성은 관리할 수 없다.

- 모든 전력계통은 변동성을 처리할 수 있는 메커니즘이 있음.
- 풍력 및 태양광발전 생산량의 변동은 수요 변동의 '노이즈 손실'로 처리 될 수 있음.
- 전력계통의 서로 다른 위치에 있는 VRE 발전소의 단기 변동은 서로 상쇄되는 경향이 있음.
- 상쇄 이후 잔존하는 변동성은 더 작아지고 계통 운영상 큰 변화는 매시간 단위로 발생 할 가능성이 있음.

[주장2] VRE 용량에는 1대 1 '백업'이 필요하다.

- VRE 발전소 발전량이 날씨에 따라 변하는 것은 분명하지만 1MW의 VRE가 기존 발전소 1MW로 뒷받침 필요한 것은 아님.
- VRE 발전기가 넓은 지역에 걸쳐 설치되면 출력 변동 수준은 감소하며 인접 국가·전력 계통 간 상호연계는 VRE가 보다 넓은 지역에 설치되는 효과를 발생시킬 수 있음.
  → 설치된 VRE 용량 가치 증가 효과
- VRE 용량 가치는 각 장소와 고려되는 계통의 크기에 따라 달라짐. 전력 생산 측면에서 상호보완적일 수 있는 풍력 및 태양광 기술을 결합하면 용량 가치가 더욱 개선됨.
- 피크 수요와 VRE 출력이 동시에 발생
- 전력계통은 △여유설비 구축 △상호 연계된 전력설비의 보다 유연하고 동적 운영을 통해 수요 충족이 가능함.
- VRE의 낮은 용량 가치를 관리 수단으로 ▲기존 발전원 ▲저수형 수력발전 및 양수발전 △수요자원(DR) △에너지저장(ESS) 등이 있음.

[주장3] VRE 보급은 기존 발전소에 높은 비용 부담을 초래한다.

- VRE 비율이 낮을 때 변동성은 소비자 수요 변화에 비해 미미하고, 결과적으로 기존 전력 생산엔 큰 변화없음.
- VRE 발전 예측을 사용하고 발전기 급전 운영 일정을 실시간에 가깝게 조정하는 것이 낮은 비용으로 부정적인 영향을 완화하는 효과적 수단임.
- 이러한 조치를 취하지 않으면 계통 운영 비용이 전체적으로 증가할 것.

[주장4] 전력망 관련 비용이 너무 높다.

- 송전망 확장비용은 풍력발전소 건설비용의 약 15%(중간값 기준)을 차지함.
  → 이 비용은 가변적이기 때문에 kW당 0~1,500달러까지 천차만별
- 전력 인프라 확충비용은 발전설비 건설비용보다 적은 10분의 1 수준이며 송전망 확충은 혼잡 감소와 신뢰도 향상과 같은 다른 가능한 편익을 많이 얻을 수 있음.
- 기술 습득 및 비용 하락으로 인해 풍력이나 태양광 품질이 최고가 아닌 지역에서도 비용 대비 효과가 뛰어난 VRE 보급으로 이어짐.

[주장5] (전력) 저장은 필수다.

- 전력 저장만이 유일한 유연성 자원인 것은 아님.
- 전력 저장은 해결방안 중 하나일 뿐이며 아직까지 VRE 비율이 이미 20% 초과하는 대부분 국가에서도 전력 저장이 크게 활용되는 사례는 많지 않음.
  → 전력 저장의 비용 효과성은 풍력보다는 태양광의 경우가 보다 높음.

[주장6] VRE 용량이 전력계통을 불안정하게 한다.

- 이는 발전기와 계통 간 관성(Inertia)과 관련된 내용임.
- 전력계통의 최소·평균 전력수요와 비교하여 VRE 용량의 비율이 작은 한 관성 관련 문제는 매우 작은 전력계통(예: 최대전력수요가 100MW~3GW)을 제외하고 중요한 것이 아닐 수 있음.
- 어느 경우라도 VRE 보급 단계 초기에서 관성의 문제가 중요한 요소가 될 가능성이 높지 않음.
- 플라이휠, 풍력터빈은 가상 관성(Synthetic Inertia)을 제공함.

* 태양과 바람의 전력망 수용, 2017

2021년 RPS 제도의 REC 가중치

	설치유형	설비규모	2018년	2021년
태양광	일반부지	100kW 미만	1.2	1.2
		100kW~3MW	1.0	1.0
		3MW 초과	0.7	0.8
	건축물 등 기존시설물 활용	100kW 미만	1.5	1.5
		100kW~3MW		
		3MW 초과	1.0	1.0
	수상태양광	100kW 미만	1.5	1.6
		100kW~3MW		1.4 (유예기간 설정)
		3MW 초과		1.2 (유예기간 설정)
	임야		0.7	0.5 (유예기간 설정)
	자가용		1.0	1.0
풍력	육상풍력		1.0	1.2
	연안해상풍력(간석지 또는 방조제 내측)		-	2.0
	해상풍력(법률상 바다 및 바닷가 중 수심이 존재)		2.0	2.5
	수심 5m, 연계거리 5km 증가 시마다 (수심 20m 초과, 연계거리 5km 초과인 해상풍력 및 연안 해상풍력에 적용)	연계거리	5km당 +0.5(복합) (최대 +1.5(복합))	5km당 +0.4(복합) (최대 +1.2(복합))
		[신설]수심		5km당 +0.4(복합) (최대 +1.2(복합))
연료 전지	연료전지		2.0	1.9 (유예기간 설정)
	부생수소 사용 시		-	+0.1
	종합에너지효율 (전기+열) 65%↑		-	+0.2

성상	특성	세부구분	에너지원	전소	혼소	전소	혼소
바이오	고체	목질계	미이용	미이용 목재펠릿	2.0	1.5	2.0	1.5
				미이용 목재칩	2.0	1.5	2.0	1.5
			일반	목재펠릿, 목재칩	0.5	-	0.5	-
		폐자원계	Bio-SRF	0.25		0.25	
		기타 바이오에너지	가축분뇨, 고체연료, 하수슬러지, 고형화연료	1.0	-	1.0	-
	액체		바이오중유		-		-
		기체	바이오가스	1.0		1.0	
			매립지가스	0.5	-	0.5	-
		기타	흑액	0.25		0.25	

분류				2018년	2021년
수열(온배수열)				1.5	0 (유예기간 설정)
석탄(IGCC)				0.25	0
폐기물에너지	폐기물에너지 전소			0.25	0.25
해양에너지	조력	방조제 有		1.0	1.0
		방조제 無	고정형	2.0	1.75 (유예기간 설정)
			변동형	2.5→2.0→1.0	2.5→2.0→1.0
	조류			2.0	2.0
수력				1.0	1.5
발전차액지원제도 전환설비 가중치 개정안					-0.2

* 산업부, 2021

RPS 공급의무자 중 민간 발전사업자의 공급의무량

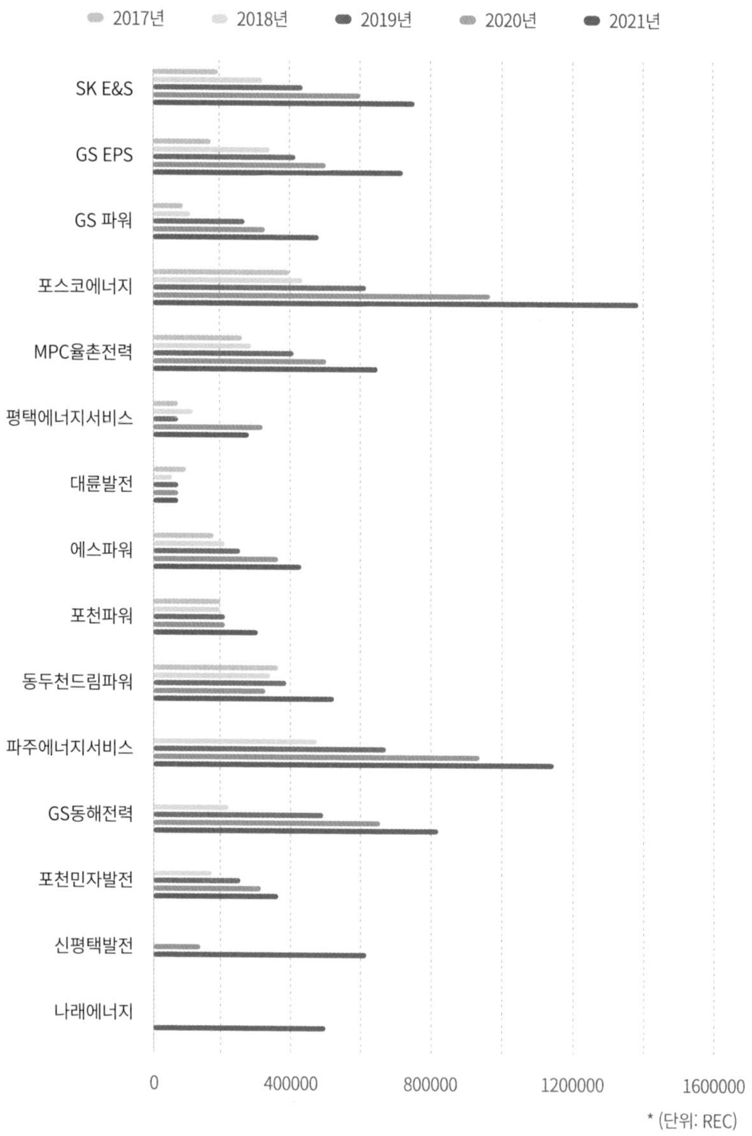
2017년
2018년
2019년
2020년
2021년
SK E&S
GS EPS
GS 파워
포스코에너지
MPC율촌전력
평택에너지서비스
대륜발전
에스파워
포천파워
동두천드림파워
파주에너지서비스
GS동해전력
포천민자발전
신평택발전
나래에너지
0
400000
800000
1200000
1600000
* (단위: REC)

SMP 가격 변동에 영향을 미치는 천연가스 가격

21.1.15.~21.4.15. 두바이유 가격 동향(달러/배럴)

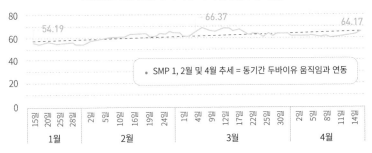

● SMP 1, 2월 및 4월 추세 = 동기간 두바이유 움직임과 연동

21.4.15. 직전 3개월간 SMP 가격 동향(원/kWh)

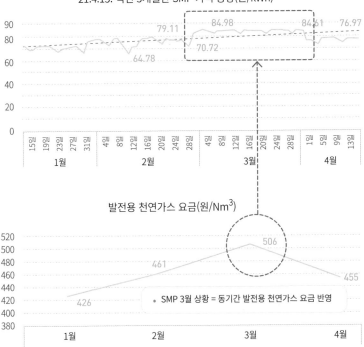

발전용 천연가스 요금(원/Nm³)

● SMP 3월 상황 = 동기간 발전용 천연가스 요금 반영

공급인증서 현물시장 거래현황(2019년 8월~2021년 12월)

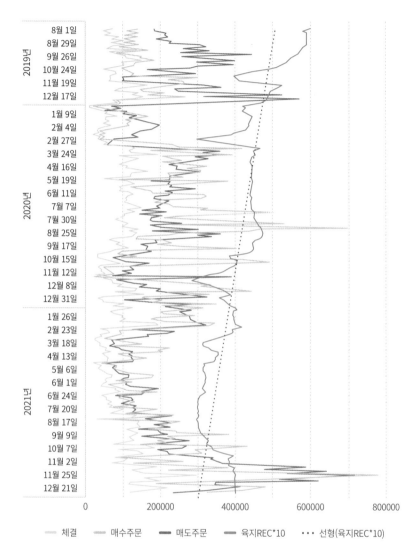

체결 매수주문 매도주문 육지REC*10 ···선형(육지REC*10)

* 신재생원스톱사업정보통합포털 '오늘의 REC' 재구성

SMP+REC, SMP, REC 가격의 변동(2012년 2월~2021년 12월)

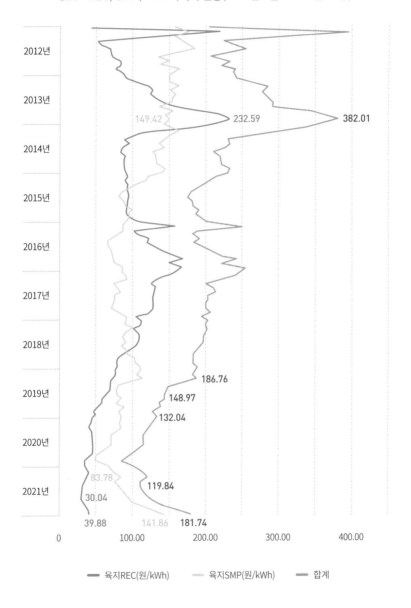

149.42   232.59   382.01

186.76

148.97

132.04

83.78   119.84

30.04

39.88   141.86   181.74

| 0 | 100.00 | 200.00 | 300.00 | 400.00 |

— 육지REC(원/kWh)   — 육지SMP(원/kWh)   — 합계

RE100 이니셔티브 참여 기업 예시

기업	본사	시작연도	100% 목표연도	재생에너지 구매방식
애플	미국	2016	목표달성	• 전력구매계약(PPA) • 공급자와의 계약 • 재생에너지 증명서 • 자가발전
gm 제너럴 모터스	미국	2016	2050	• 전력구매계약(PPA) • 공급자와의 계약 • 재생에너지 증명서 • 자가발전
BMW	독일	2015	2020	• 전력구매계약(PPA) • 공급자와의 계약 • 재생에너지 증명서 • 자가발전
Google 구글	미국	2015	2017	• 전력구매계약(PPA) • 자가발전
Coca-Cola 코카콜라 유럽	영국	2015	2020	• 전력구매계약(PPA) • 공급자와의 계약 • 자가발전
IKEA 이케아	노르웨이	2014	2020	• 공급자와의 계약 • 재생에너지 증명서
TATA MOTORS 타타 모터스	인도	2016	2030	• 전력구매계약(PPA) • 재생에너지 판매사업자로부터 구매 • 자가발전
유니레버	영국 네덜란드	2015	2020	• 전력구매계약(PPA) • 재생에너지 증명서
Vestas 베스타스	덴마크	2017	2013	• 공급자와의 계약 • 재생에너지 증명서 • 자가발전
스타벅스	미국	2015	2020	• 전력구매계약(PPA) • 공급자와의 계약 • 재생에너지 증명서 • 자가발전

* CDP, RE100 Progress and Insights Annual Report 2018

재생에너지 출력 제한 가치 및 유연성 자원과의 비교

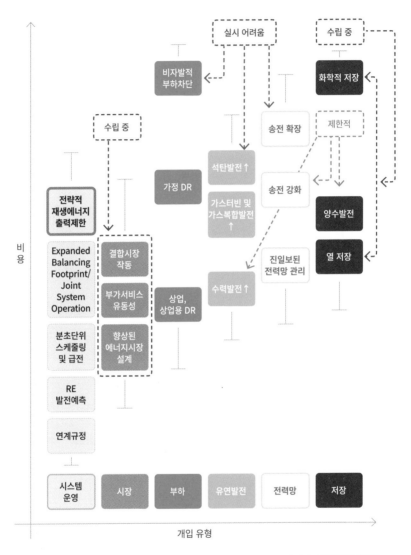

* NREL, 2014 자료 재구성

HOMER 입력 자료 Ⅰ
Input Data to Homer Programme①

구분	입력자료
전력 부하	하루 평균 전력량(scaled) 23,977.64kWh/day, 평균 전력 999.07kW, 피크 전력 4,442.9kW
시뮬레이션 조건	명목 할인율 입력 수치: 5.5%, 기대 물가 상승률: 2%, 프로젝트 수명: 25년, 시스템 고정 자본 비용: 80,000달러, 배출 부담금: 톤당 41,000원(35.48달러), 톤당 45,000원(38.94달러), 여유 전력: 평상 전력 10%, 피크 전력 10%, 태양광 변동성 20%
일사량	NASA 데이터: 연평균 4.06kWh/㎡/day
태양광	(230kW 기준) 자본 73,641달러, 대수선비 36,800달러, 운영유지비 20달러, 수명 25년, Derating Factor 100%, Electrical Bus: 직류(DC) (230kW 기준) MPPT: 자본 55.20달러, 대수선비 55.20달러, 운영관리비 5.50달러, 수명 15년, 370kW 설치, 지면 반사율 20%
배터리	(500kW 기준) 자본 176,366달러, 대수선비 88,183달러, 유지보수비 846.40달러, 수명 5년, 시스템 효율 547,500kWh, 초기 충전 상태: 90%, 최소 충전 상태 20%
시스템 컨버터	(250kW 기준) 자본 24,623.50달러, 대수선비 2,000달러, 유지보수비 211.60달러, 인버터: 수명 10년, 효율 98%, 정류기: 상대 용량 97%, 효율 97%
연료전지	(250kW 기준) 자본 750,000달러, 대수선비 625,000달러, 운영관리비 5,000달러/op.hour, 수명 50,000시간
LNG	발전용 천연가스 가격: 2019년 일반 발전사업자용 0.49달러/N㎥

계통

Parameter Simulate systems with/without the grid Net purchases calculated monthly, 거리: 0.45km, Grid capital cost: 82,600달러, 분산 발전 비용: 연결비 114,153달러, 대기료 54,401.00달러/yr, 구매 용량: A 공장의 월별 전력 구매량

월	1월	2월	3월	4월
용량	162,382	166,612	154,867	119,444
월	5월	6월	7월	8월
용량	131,330	118,398	138,932	146,640
월	9월	10월	11월	12월
용량	117,391	72,231	92,376	101,667

Demand Rates

$/kW/mo	수요	$/kW/mo	수요
수요1	0.06	수요4	0.07
수요2	0.05	수요5	0.15
수요3	0.1	수요6	0.17

• Reliability 평균 정전 빈도: 0.14건/yr, 평균 수리 시간: 0.15시간, 수리 시간 변동성: 0%

구분	입력자료

Rate Definition

• 2019년 SMP+REC×가중치1

$/kWh	가격	한전매전	$/kWh	가격	한전매전
Rate1		0.16	Rate7		0.12
Rate2		0.16	Rate8		0.12
Rate3	0.46	0.16	Rate9	0.46	0.12
Rate4		0.15	Rate10		0.12
Rate5		0.13	Rate11		0.11
Rate6		0.13	Rate12		0.11

• 2019년 SMP+REC×가중치1.5 (태양광발전)

$/kWh	가격	한전매전	$/kWh	가격	한전매전
Rate1		0.19	Rate7		0.15
Rate2		0.19	Rate8		0.15
Rate3	0.46	0.19	Rate9	0.46	0.14
Rate4		0.18	Rate10		0.14
Rate5		0.16	Rate11		0.13
Rate6		0.16	Rate12		0.14

• 2019년 SMP+REC×가중치2.0 (연료전지발전)

$/kWh	가격	한전매전	$/kWh	가격	한전매전
Rate1		0.23	Rate7		0.18
Rate2		0.22	Rate8		0.17
Rate3	0.46	0.23	Rate9	0.46	0.17
Rate4		0.21	Rate10		0.16
Rate5		0.19	Rate11		0.15
Rate6		0.19	Rate12		0.16

계통

구분	입력자료					

계통	• 2019년 SMP+REC ×가중치1.5와 2.0의 평균(PV+FC 융합설비)					
	$/kWh	가격	한전매전	$/kWh	가격	한전매전
	Rate1		0.21	Rate7		0.17
	Rate2		0.21	Rate8		0.16
	Rate3	0.46	0.21	Rate9	0.46	0.16
	Rate4		0.19	Rate10		0.15
	Rate5		0.17	Rate11		0.14
	Rate6		0.17	Rate12		0.15

다음 세대를 위한
우리의 책임

필자가 이 책을 탈고한 2022년 1월 한국 사회는 3월 9일 치러질 20대 대통령 선거로 인해 후끈 달아오르다 못해 혼란한 상태다.

에너지 분야도 마찬가지다. 재생에너지는 경쟁 에너지원에게 끊임없이 공격을 당하고 있는 상황이다. 환경부는 녹색분류체계(K-Taxonomy)를 발표하며 재생에너지와 LNG발전을 녹색에너지로 지정하고 원자력은 배제하였다. 인도네시아가 자국 수요 충족을 빌미로 1월 석탄 수출을 금지하자 산업부는 바싹 긴장하고 있다. LNG 가격과 유가가 고공행진 중이고 러시아는 유럽으로 향하는 PNG의 밸브를 닫을 기세다. 한편에서는 일부 원전 지지자가 태양광과 풍력의 가치를 끊임없이 폄하하고 있으며 이에 영향을 받은 야당 대선후보는 현 정부의 정책을 부도어음이라고 깎아내리고 있다. 급기야 신한울 3, 4호기 공사 재개를 공약했다.

이러한 모습을 먼 훗날 후손들이 돌아보며 어떻게 생각할까? 현 정권의 지지자들이 말하는 대로 에너지 전환의 시기가 될 것인가 아니면 야당이 주장하듯 잃어버린 10년으로 평가받을까? 분명한 건 한국 에너지 역사에 이 시기를 어떻게 기록하든지 '중요한 한때'로 평가받음은 분명하다. 집필을 하며 이러한 점을 늘 염두에 뒀다. 이 책을 읽을 이름 모를 독자를 위해서라도 에너지 전환의 시기를 촘촘히 기록하고자 노력했다.

필자는 이 책이 독자들에게 진솔한 인상을 남기면 만족한다. 독자가 이 책에 영향을 받고 안 받고의 여부는 순전히 독자의 몫이기 때문에 필자의 욕심 밖의 일이다. 다만 이 책이 한 시기를 온전히 담은 기록물로 인정받기를 바란다.

필자는 기록을 보다 치열하고 적확하게 하기 위하여 스스로 삼가(愼獨)는, 기록하는 행위를 넘어선 노력을 기울였다. 그래서 가깝게는 올해 초등학교에 입학하는 아들 준혁이부터 멀게는 훗날 이 시기를 연구할 연구자들까지 모두 투명한 수면을 통해 바닥을 보듯 이 책을 통하여 필자가 기록한 이 시기를 제 모습 그대로 온전히 봤으면 한다.

이 책이 종이책이나 전자문서로 남아 사람처럼 나이를 먹으며 살아갈 시대상이 궁금하다. 이 책이 어쩌면 필자보다 더 오랜 수명을 간직할 수도 있겠다. 그렇다면 필자는 이 책의 행간 사이에 살아 숨 쉬며 인간의 자연 수명보다 더 오래 사는 영광을 누릴 수도 있겠다. 분명 독자들에게 필자가 살아간 시기를 이야기하는 일은 기쁜 일이다.

모든 영광을 하느님께 돌린다.
하느님 감사합니다.

참고문헌

- https://www.there100.org
- https://www.etrans.or.kr
- https://www.knrec.or.kr
- http://www.energy.or.kr
- https://www.passagetechnology.com
- https://youtu.be/Ve6BZkRvyHA
- 2050 탄소중립위원회, 2021, "2050 탄소중립 시나리오 초안"
- IEA, 2017, 전력거래소 역, "태양과 바람의 전력망 수용: 정책설계자를 위한 안내서"
- Santo Yaseus, 2018, 신성이엔지 역, "스마트그리드의 기본과 구조 에너지 산업의 현황과 과제, 미래를 전망하다 차세대 전력망"
- Sioshansi, 2019, 김선교 역, "에너지 전환 전력 산업의 미래"
- Yokoyama Akihiko, 2019, 신성이엔지 역, "새로운 스마트그리드 전력 자유화 시대의 네트워크 비전"
- 국가온실가스종합정보센터, 2018, "2018년 승인 국가 온실가스 배출·흡수 계수"
- 기획재정부, 2018.7.30., 에너지 세제 개편
- 기후 위기 대응을 위한 녹색금융 촉진 특별법
- 김지희, 2019, "RE100 관련 글로벌 동향 및 시사점"
- 대한민국 정부, 2021, "2030 NDC 상향안"

- 대한민국 정책브리핑, 2004.5.21., "[국가에너지를 생각한다⑤] 대체 에너지 개발: 환경친화적이고 무한정 이용 가능한 미래 연료"
- 동아일보, 2021.10.14., "'벼 농지' 위에 '전기 농지' 얹으니 농가 소득 '쑥쑥'"
- 산업경제연구원, 2017.10.23., "태양광융합산업, 4차 산업혁명 시대 일자리 창출과 균형 발전에 기여"
- 산업통상자원부, 2017, "제8차 전력 수급 기본계획"
- 산업통상자원부 보도자료, 2020.11.10., "신재생에너지 집적화단지 제도 본격 시행"
- 산업통상자원부 보도자료, 2020.12.16., "신재생에너지 설비의 지원 등에 관한 규정 일부 개정안"
- 산업통상자원부 보도자료, 2021.1.5., "21년부터 국내에서도 재생에너지 구매가 가능해진다!"
- 산업통상자원부 보도자료, 2021.10.12., "재생에너지 전기를 사용자가 직접 구매 가능해져"
- 산업통상자원부 보도자료, 2021.4.27., "신재생에너지 발전 전력의 제3자 간 전력 거래 계약에 관한 지침 제정안 행정 예고"
- 산업통상자원부 보도자료, 2021.7.28., "신재생에너지 공급의무화제도 및 연료 혼합 의무화제도 관리·운영 지침"
- 산업통상자원부 보도자료, 2021.8.4., "태양광발전의 여름철 전력 수급 기여 현황"
- 산업통상자원부, 2017, "재생에너지 3020 이행계획"
- 산업통상자원부, 2020.11.11., "신재생에너지 집적화단지 제도"
- 산업통상자원부, 2021, "9차 전력 수급 기본계획"
- 산업통상자원부, 2021, "K-RE100"
- 산업통상자원부, 2021, "분산에너지 활성화 추진 전략"
- 산업통상자원부, 2021, "제5차 신재생에너지 기본계획"
- 산업통상자원부, 고정가격계약 경쟁입찰제도
- 송갑석 의원, 2021, "호남 RE300 정치권과 지방정부는 무엇을 할 것인가?"
- 송일근, 2018, "기후 변화 대응 가사도 MG 및 4차 전력 산업"
- 신에너지와 재생에너지 보급·이용·촉진에 관한 법률

- 신용학, 2018, "서울대 캠퍼스 마이크로그리드 구축 및 사례"
- 안세창, 2020, "2050 장기 저탄소 발전 전략의 주요 내용과 향후 과제"
- 안희민 외, 2020, "계통연계형 태양광발전 마이크로그리드의 적정 전력 판매 가격에 관한 연구"
- 안희민, 2019, "계통연계형 마이크로그리드의 경제성 및 기후 환경 영향 분석"
- 안희민·이원욱, 2015, "미래에너지백과사전"
- 엄지영 외, 2019, "HOMER를 이용한 PV 연계 가정용 ESS의 경제성 분석"
- 에너지경제, 2021.3.22., "재생에너지 계통 연계 속도 빨라졌다…접속 대기율 1년 새 절반 '뚝'"
- 에너지경제연구원, 2021, "REC 가중치 개편안"
- 에너지전환포럼, 2021.5.3., "[토론회] 농민 주도의 에너지 전환 어떻게 할 것인가?"
- 연합뉴스, 2021.1.21., "[바이든 취임] 정부 "동맹강화 의지, 파리기후협약 재가입 환영"(종합)"
- 옥기열, 2020, "1단계 국내 전력 시장(현물 시장) 개편 방향"
- 우경태 외, 2016, "HOMER를 이용한 캠퍼스 마이크로그리드의 Peak shaving 효과 분석"
- 이성호, 2018, "에너지 자립 섬의 마이크로그리드 최적화 연구"
- 이소영 국회의원실, 2020.8.14., "그린뉴딜 분과─주요 과제 목록"
- 이완근, "신성이엔지 마이크로그리드 심포지엄", 신성이엔지 본사
- 이투뉴스, 2019.11.11., "[칼럼] 에너지 세제 개편의 엉뚱한 피해자"
- 전기신문, 2021.3.23., "육지에서도 태양광 출력 제한 시작"
- 전력거래소, 2020, 전력 시장 운영 실적
- 전력거래소, 2021, 비용 평가 세부 운영 규정
- 정부 합동, 2015, "광복 70주년 전력 산업 성장 추이"
- 정부 합동, 2019, "재생에너지 경쟁력 강화 방안"
- 정태영, 2011, "지능형 전력망 구축을 위한 마이크로그리드 시스템의 설계와 운용"
- 제주에너지공사, 2020, "제주 신재생에너지 출력 제약 운전 전망과 대응 방안"
- 제주특별자치도 저탄소정책과, "제주도 에너지 기술(전력 계통) 이슈 관련 간담회 자료"
- 조선비즈, 2016.5.18., "세계은행 "기후 변화 방치하면 2050년까지 158조 달러 손해""

- 폴리뉴스, 2020.3.17., "[안희민의 에너지·환경 이야기⑤] 여당 공약에 최초 등장한 '그린뉴딜', 한국에 정착하려면…"
- 한겨레신문, 2013.11.11., "서기 7000년 지구, 해수면 66m 늘어난다"
- 한국가스공사, 2020, "발전용 천연가스 요금"
- 한국에너지공단 신재생에너지센터, "신재생에너지보급통계"
- 한국에너지공단, 2020, "신재생에너지 보급통계 2019년 확정치"
- 한국전력 계통계획처, 2019, "재생E 계통연계 현황과 수용확대 방안"
- 한국전력 보도자료, 2021.9.13., "한전, 재생에너지 접속 지연 해소 특별 대책 마련"
- 한국전력, 2019, "전력통계속보"
- 한국전력, 2019, "한국전력통계"
- 한국전력, 2020, "(가칭) 재생에너지 계통 인프라 선제 대응 및 제도 개선 T/F 착수 회의"
- 한국전력, 2020, "재생에너지 수용 계통 보강 및 제도 개선 TF 1차 회의"
- 한국전력, 2021, "제9차 장기 송변전 설비계획(2020~2034)"
- 환경부, 2015, "통계로 본 기후·대기 환경"
- 환경부, 2020, "2050 장기 저탄소 발전 전략"
- 황우현 외, 2017, "스마트그리드 기술 기반의 제주 Carbon Free Island 구축 전략"
- Beltran et al., 2013, "Daily Solar Energy Estimation for Minimizing Energy Storage Requirement in PV Power Plants"
- Beltran et al., 2013, "Daily Solar Energy Estimation for Minimizing Energy Storage Requirements in PV Power Plannts"
- Bendir, Ozpineci, and Chrisian, 2010, "The Impact of Plug-in Hybrid Electric Vehicle Interaction with Energy Storage and Solar Panels on the Grid for a Zero Energy House"
- CDP and Climate Group, 2021, RE100
- Clavier, Joós and Wong, 2013, "Economic Assessment of the Remote Community Microgrid: PV-ESS-Diesel Study Case"
- Datta and Senjyu, 2013, "Fuzzy Control of Distributed PV inverters/Energy Storage Systems/Electric Vehicles for Frequency Regulation in a Large Power System"

- ElNozahy et al., 2015, "Probabilistic ESS sizing and scheduling for improved integration of PHEVs and PV systems in residential distribution systems"
- Erdinc et al., 2015, "A new perspective for sizing of distributed generation and energy storage for smart households under demand response"
- Hallegatte, Vogt-Schilb, Bangalore and Rozenberg, 2017, "Unbreakable: Building the Resilience of the Poor in the Face of Natural Disasters"
- Hanna et al., 2017, "Evaluating Business models for microgrids: Interactions of technology and policy"
- Hatziargyriou et al., 2007, "Microgrid: An Overview of Ongoing Research, Development, and Demonstration Projects"
- IEA, 2017, "Getting Wind and Sun onto the Grid"
- IEA, 2020, "Renewables 2020: Analysis and forecast to 2025"
- Johannes et al., 2015, "Current and Future Cost of Photovoltaics: Long-term Scenarios for Market Development, System Prices and LCOE of Utility Scale PV System"
- Lamberti et al., 2016, "Massive data analysis to access PV/ESS intergration in residential unbalanced LV networks to support voltage profiles"
- Lan et al., 2017, "Optimal sizing of hybrid PV/diesel/battery in ship power system"
- Ma et al., 2018, "Energy Management for Joint Operation of CHP and PV Prosumers Inside a Grid-Connected Microgrid: A Game Theorectic Approach"
- NREL, 2014, "Flexibility in 21st Century Power System"
- Paterakis et al., 2015, "Optimal Household Appliances Scheduling Under Day-Ahead Pricing and Load-Shaping Demand Respose Strategies"
- Santos et al., 2018, "Framework for Microgrid Design Using Social, Economic, and Technical Analysis"
- Sovacool, 2010, "A Critical Evaluation of Nuclear Power and Renewable Electricity in Asia"
- Testa et al., 2010, "Optimal Design of Energy Storage Systems for Stand-Alone Hybrid Wind/PV Generators, International Symposium on Power Electronics"
- Yang Tae-hyun, 2021, "Green Hydrogen Production Policies and Status in Korea"

미주

1. 환경부는 2050 장기 저탄소 발전 전략을 2020년 12월 30일 UN에 제출하였다. 제명은 「지속 가능한 녹색 사회 실현을 위한 대한민국 2050 탄소중립 전략」이다.

2. 전력의 국가 온실가스 배출계수(2018년 승인)에 따르면 발전단에서 평균 0.44톤의 이산화탄소를 간접배출한다.

3. 파리협정의 10조 2항에서 "당사국들이 기후 변화 대응을 수행하는 데 기술이 중요하다"고 언급하고 "기존 기술의 양산과 보급 노력을 인식하고 있다"고 밝혔다.

4. 한국전력에 따르면 2021년 2월 28일 기준 1MW 이하 재생에너지의 누적 계통 연계 신청 용량 약 1만 6,000MW 중 21.9%(3,500MW)가 접속 대기 중이다. 2020년 1월에는 누적 신청 용량이 14,000MW이며 접속 대기 용량은 5,900MW로 접속 대기율이 42.1%인 것에 비해 개선되었지만 여전히 접속 대기 용량이 존재한다. 한전은 계통 연계가 빨라진 이유로 지난해 3월 한전 배전선로의 태양광발전 계통 접속 허용 기준을 20% 확대(10MW→12MW)한 결과로 분석한다.

5. 산업부는 2014년 11월 28일 신에너지 및 재생에너지 개발·이용·보급 촉진법 시행규칙의 제2조12 '전력저장 설비'를 신재생에너지법체계에 수용하였다.

6. 전기사업법 제3조② "산업통상자원부장관은 제1항에 따른 시책 및 제25조에 따른 전력수급계획을 수립할 때 전기 설비의 경제성, 환경 및 국민 안전에 미치는 영향 등을 종합적으로 고려하여야 한다."(신설 2017.3.21.)

7. 산업부는 3가지 태양광발전 추계 방식을 제시하였다. ① 전력 시장에 참여하고 있는 태양광발전의 지역별·시간별 이용률 도출: 시장 참여 태양광 발전량 ÷ 시장 참여 태양광 설비용량 ② 한전 PPA 설비용량에 상기 이용률을 반영하여 한전 PPA 발전량 추계: 시장 참여 태양광 이용률×한전 PPA 설비용량×발전 효율 조정 계수(1.05) ③ 기상 상황이 유사한 맑은 날과 흐린 날의 전력 수요 차이로 설비 용량을 추계한 후 태양광 시간별 이용률을 반영하여 자가용 태양광 발전량 추계

8. 국내산 양면 모듈의 경우 와트당 370원에서 430원으로 올랐고 2022년 생산분이 계약되는 2021년 12월에는 와트당 450원에 거래되었다. 참고로 태양광 양면 모듈은 단면 모듈보다 발전량이 더 크다. 중국산 양면 모듈 역시 2021년 10월 현재 와트당 410~420원으로 오른 후 지금까지 가격이 유지되고 있다. 내년분 태양광 모듈 가격이 오른 이유는 원부자재 가격 상승이 생산에 반영되었기 때문이다.

9. ① 신재생에너지 집적화단지 제도 본격 시행 ② 발전 사업 세부 허가 기준 개정을 통하여 풍황 계측기 유효 지역 설정 유연성 제고

10. 제5차 신재생에너지 기본계획에는 수의 계약 수단으로 집적화단지 제도가 활용된다는 근거를 제시하고 있다. 수의 계약은 2020년 공식적으로 종료되었고 2021년 이후 유일한 통로는 집적화단지 계약뿐이다.

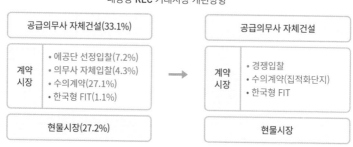

태양광 REC 거래시장 개편방향

11. 2020년 5월 4일 산업부에서 발표한 '신에너지 및 재생에너지 개발·이용·보급 촉진법 시행령 일부개정안 입법 예고'에 연도별 신재생에너지 의무공급량의 비율

상향 조정이 제시되었다. 재생에너지 3020 목표 달성을 위한 2021~2022년 연도별 신재생에너지 의무공급량의 비율을 법정 상한인 10% 이내에서 각각 1%씩 상향토록 조정한다는 내용이다.

12. 의무공급량을 도출하는 계산식은 신재생에너지 공급의무화제도 및 연료 혼합의무화제도 관리·운영지침 〈별표1〉에 적시됐다.

13. 전력량(MWh)과 REC의 환산은 공급인증서 발급 및 거래시장 운영에 관한 규칙 제37조① 후단에 따라 계산한다.

14. 신재생에너지 공급의무화제도 및 연료 혼합의무화제도 관리·운영지침 제3조6
   • 환산비율 = 해당연도 직전 최근 3년간 공급인증서 전체 발급량(REC 단위) ÷ 해당연도 직전 최근 3년간 공급인증서 전체 발급량에 대한 발전량(MWh 단위)

15. 신재생에너지 공급의무화제도 및 연료 혼합의무화제도 관리·운영지침 제3조5

16. 신재생에너지 공급의무화제도 및 연료 혼합의무화제도 관리·운영지침 제7조①

17. 신에너지 및 재생에너지 개발·이용·보급 촉진법 시행령 제18조 9에서 신재생에너지 가중치 결정 시 고려할 사항이 나열되어 있다. 가중치를 결정할 때 고려할 사항은 ① 환경, 기술 개발 및 산업 활성화에 미치는 영향 ② 발전 원가 ③ 부존 잠재량 ④ 온실가스 배출 저감에 미치는 효과 ⑤ 전력 수급의 안정에 미치는 영향 ⑥ 지역 주민에 미치는 정도이다.

18. AHP는 수학과 심리학을 사용하여 복잡한 결정을 조직, 주석하기 위한 방법론이다. ① 궁극적인 목적이나 과제 ② 모든 가능한 솔루션 ③ 대안을 판단할 기준으로 구성된다. 기준과 대안을 정량화하기 위하여 필요한 결정을 위한 합리적 틀인 동시에 전반적인 목적에 기본요소를 연관하는 틀이다.

19. 태양광에너지 가중치는 설치 유형별 용량 기준 순으로 구분하여 해당 가중치를 아래와 같이 적용한다.(신재생에너지 공급의무화제도 및 연료 혼합의무화제도 관리·운영지침 〈별표2〉 참조)

① 일반 부지에 설치하는 경우

설치 용량	태양광에너지 가중치 산정식
100kW 미만	1.2
100kW 이상 ~ 3,000kW 이하	$\dfrac{99.999 \times 1.2+(용량-99.999) \times 1.0}{용량}$
3,000kW 초과부터	$\dfrac{99.999 \times 1.2}{용량} + \dfrac{2,900.001 \times 1.0}{용량} + \dfrac{(용량-3,000) \times 0.8}{용량}$

② 건축물 등 기존 시설물을 이용하는 경우

설치 용량	태양광에너지 합성가중치 산정식
3,000kW 이하	1.5
3,000kW 초과부터	$\dfrac{3,000 \times 1.5+(용량-3,000) \times 1.0}{용량}$

③ 유지 등의 수면에 부유하여 설치하는 경우

설치 용량	태양광에너지 가중치 산정식
100kW 미만	1.6
100kW 이상 ~ 3,000kW 이하	$\dfrac{99.999 \times 1.6+(용량-99.999) \times 1.4}{용량}$
3,000kW 초과부터	$\dfrac{99.999 \times 1.6}{용량} + \dfrac{2,900.001 \times 1.4}{용량} + \dfrac{(용량-3,000) \times 1.2}{용량}$

20. 해상풍력에서 연계거리란 해안선(인공 해안선을 포함하되, 한전 계통과 연계 육지 또는 육지로부터 계통이 연결되는 섬의 해안선을 의미)과 해안선에서 가장 근접한 발전기의 중앙부 위치와의 직선거리를 의미한다. 다만, 공급 인증 기관의 장은 풍력발전단지의 산업 기여도 등을 고려하여 별도의 기준을 통해 '발전단지 내부에서 각 풍력발전 기간의 직선거리'를 연계거리 산정 시 추가할 수 있다. 해상풍력 가중치 산정 시 고려하는 수심은 기본 수준면을 기준으로 측량하고, 같은 법에 따라

제작된 국립해양조사원의 전자 해도에 따른다. 단, 하나의 발전소 내에 여러 개의 풍력발전기를 설치하는 경우에는 풍력발전기들의 평균 수심을 기준으로 가중치를 적용한다.(신재생에너지 공급의무화제도 및 연료 혼합의무화제도 관리·운영지침〈별표 2〉참조)

해상풍력 가중치 기본 산정식	
(① 연계거리 복합가중치 + ② 수심 복합가중치) - 기본가중치	
구분	① 연계거리 복합가중치
5km 이하	기본가중치
5km 초과 ~ 10km 이하	$\dfrac{(5 \times 기본가중치) + (총\ 연계거리 - 5) \times (기본가중치 + 0.4)}{총\ 연계거리}$
10km 초과 ~ 15km 이하	$\dfrac{(5 \times 기본가중치) + [5 \times (기본가중치 + 0.4)] + (총\ 연계거리 - 10) \times (기본가중치 + 0.8)}{총\ 연계거리}$
15km 초과	$\dfrac{(5 \times 기본가중치) + [5 \times (기본가중치 + 0.4)] + [5 \times (기본가중치 + 0.5)] + (총\ 연계거리 - 15) \times (기본가중치 + 1.2)}{총\ 연계거리}$
구분	② 수심 복합가중치
20m 이하	기본가중치
20m 초과 ~ 25m 이하	$\dfrac{(5 \times 기본가중치) + (수심 - 20) \times (기본가중치 + 0.4)}{(수심 - 15)}$
25m 초과 ~ 30m 이하	$\dfrac{(5 \times 기본가중치) + [5 \times (기본가중치 + 0.4)] + (수심 - 25) \times (기본가중치 + 0.8)}{(수심 - 15)}$
30m 초과	$\dfrac{(5 \times 기본가중치) + [5 \times (기본가중치 + 0.4)] + [5 \times (기본가중치 + 0.5)] + (수심 - 30) \times (기본가중치 + 1.2)}{(수심 - 15)}$

21. 신에너지 및 재생에너지 개발·이용·보급 촉진법 제12조7 ④ 공급인증서의 유효기간은 발급받은 날로부터 3년

22. 전력시장운영규칙 제1.1.2조3

23. 2018년 7월 30일 기획부는 에너지 세제 개편을 발표하였다. 발전용 유연탄에 붙는 제세 부담금을 킬로그램당 46원으로 기존 대비 10원 상향 조정하는 대신 LNG 제세 부담금은 킬로그램당 23원으로 기존 대비 68.4원 줄였다. 이와 같은 에너지 세제 개편에는 미세먼지를 더 많이 배출하는 유연탄의 세율이 LNG 세율의 39.4%에 불과하다는 비판이 배경이 되었다. 에너지 세제 개편 전 LNG에 부과되는 제세 부담금은 킬로그램당 91.4원이었으며 유연탄은 킬로그램당 36원의 개별소비세만 부과되었다.

24. 신재생에너지 공급의무화제도 및 연료 혼합의무화제도 관리·운영지침 제3조22

25. "Led by the Climate Group and in partnership with CDP, our mission is to accelerate change towards zero carbon grids at scale."

26. 제수도와 육지를 잇는 HVDC 연계선은 현재 2개가 설치되어 있고 제3 연계선이 추진되고 있다. HVDC 제1 연계선은 1998년에 완공되었으며 총길이 96km로 제주 삼양동~전남 해남군 사이를 연결한다. 제주도는 이 연계선을 통하여 최대 150MW의 전기를 공급받을 수 있다. HVDC 제2 연계선은 2014년에 완공되었으며 총길이 105km로 제주 해안동~전남 진도군 사이에 설치되어 있다. 제주도는 이 연계선을 통하여 250MW를 공급받을 수 있다. HVDC 제3 연계선은 2021년 착공하여 2023년 말 완공 예정이다. 총길이 89km로 제주~전남 완도 사이를 연결할 예정이다. 용량은 200MW이며 제1, 2 연계선과 달리 전압형 HVDC가 설치된다.

27. 2020년 7월 기준 국내에서 태양광 모듈 가격은 한국산 PERC(Passivated Emitter Rear Contact) 방식의 385W 고효율 태양광 모듈의 경우 와트당 350원에 거래되고 있으며 중국산은 와트당 300원에 거래되고 있다. (대상 시설 A 공장의 실측 데이터 참조)

28. 신에너지 및 재생에너지 개발·이용·보급 촉진법에 따라 신재생에너지의 전력 판매 가격은 계통한계가격(SMP)과 신재생에너지 공급인증서(REC) 가격의 합으로 결정된다.